丛书编委会

总　策　划：来新国　王文成

编委会主任：郭齐勇　周晓亮

编　　　委：来新国　陈知涯　张　彧　尹格韬　沈　众

　　　　　　　王文成　孟淑贤　周长志　罗养毅　秦　丹

　　　　　　　乌　琛

大家精要
典藏版丛书

简读

海德格尔

胡自信　著

陕西师范大学出版总社　西安

图书代号　SK24N1849

图书在版编目(CIP)数据

简读海德格尔 / 胡自信著 . — 西安：陕西师范大学出版
总社有限公司，2025.1
　（大家精要：典藏版 / 郭齐勇，周晓亮主编）
　ISBN 978-7-5695-4140-3

Ⅰ . ①简… Ⅱ . ①胡… Ⅲ . ①海德格尔（Heidegger，
Martin 1889-1976）—人物研究 Ⅳ . ① B516.54

中国国家版本馆 CIP 数据核字（2024）第 028034 号

简读海德格尔
JIAN DU HAIDEGE'ER

胡自信　著

出 版 人　刘东风
策划编辑　刘　定　陈柳冬雪
责任编辑　王雅琨
责任校对　宋媛媛
封面设计　龚心宇　张潇伊
出版发行　陕西师范大学出版总社
　　　　　（西安市长安南路 199 号　邮编 710062）
网　　址　http://www.snupg.com
印　　刷　深圳市福圣印刷有限公司
开　　本　889 mm×1194 mm　1/32
印　　张　7
插　　页　4
字　　数　127 千
版　　次　2025 年 1 月第 1 版
印　　次　2025 年 1 月第 1 次印刷
书　　号　ISBN 978-7-5695-4140-3
定　　价　49.00 元

目 录

第1章

海德格尔一生

亚里士多德式的哲学家

1889 年 9 月 26 日，马丁·海德格尔（Martin Heidegger）出生于德国西南部巴登州的梅斯基尔斯小镇，简称"梅镇"。他是家中长子，父母都是虔诚的天主教徒。父亲弗里德里希·海德格尔是一个手艺高超的箍桶师，兼任梅斯基尔斯镇圣马丁天主堂司事，1924 年去世。他看到了儿子与天主教的决裂，却没有看到儿子在哲学上的成就。这对海德格尔的父亲来说，实在是一件伤心事。因为从某种意义上说，天主教会养育了海德格尔；他能读中学，全凭天主教会资助。与其父亲相比，海德格尔的母亲似乎幸运一些。她 1927 年去世，就在这一年，海德格尔的代表作《存在与时间》出版了，他把这部刚刚问世的鸿篇巨制，捧给已经病入膏肓的母亲。

用现在的标准来衡量，当时海德格尔一家既不富裕，也不贫穷，属于下层中产阶级。他们住在圣马丁教堂广场对面一个并不高的屋子里。教堂是海德格尔童年生活的主要场所。与所有孩子一样，圣诞节是海德格尔孩提时代最美好的节日。凌晨三点半左右，准备去教堂敲钟的几个男孩儿，都集中到海德格尔家，母亲已经准备好了蛋糕和牛奶咖啡。早饭后，他们点起门口的灯笼，走到教堂广场上，踏着冬雪，走进寒夜，来到教堂；他们爬上黑暗的钟楼，抓住冰冷僵硬的绳子，绳子上还结着冰凌……海德格尔回忆说："教堂的钟声是一首神秘的乐曲，教会在其中欢宴；孩子们守夜的日子，四季的更迭，每一天的上午、中午和下午，在其中连成一体。悠扬的钟声穿越年轻人的心田、梦乡、祈祷与游戏——或许是这钟声掩盖了钟楼所具有的那种最神奇、最完整、最持久的秘密之一。"

海德格尔家的经济状况只能说是一般，可以维持日常生活，却无力供孩子上中学和大学。教区牧师布兰胡波有爱才之心，遂建议海德格尔父母，等孩子初中毕业后，一定要让他读高中。那时，教会资助优秀学生上学，已成惯例。这种做法的主要目的，就是为教会培养人才。为了帮助海德格尔顺利地考上高中，这位好心的牧师免费教他拉丁语。距离梅镇不远的康斯坦斯天主教神学院，是一所培养年轻牧师的寄宿制学校。院长格鲁伯也有爱才之心，于是他与布兰胡波牧师一道，从当地的一家基金会，为海德格尔争取到一笔学费。1903年，海德格尔开始在康斯坦斯神学院读书。在此后长达十三年的求学历程中，他一直受助于教会。1913年至1916年间，他获得撒策勒基金会的资助，其附加条件是：受助者必须坚持圣托马斯·阿奎那的哲学与神学。1909年，海德格尔从康斯坦斯神学院毕业。院长对他的评价是：天资卓越，勤奋好学，品德高尚；入学时已有一定的成熟度，学习主动；德国文学方面的知识尤为出色，为了追求这方面的知识，有时不惜牺牲其他功课；坚信自己将从事神学事业，喜爱修道生活，也许会申请加入耶稣会。

1909年9月30日，海德格尔真的加入一个耶稣会，那是奥地利西部菲勒克西附近梯西斯镇的一个修道院。但是两周后，见习期满，他未被录用。海德格尔曾抱怨说，他的心脏不舒服，因此修道院让他回家养病。有的学者说，要不是因为健康原因，我们今天面对的，就很可能是作为神学家的海德格尔，而不是作为哲学家的海德格尔了。这种评论是中肯的，哲学毕竟不同于神学。但是还需注意，二者密切相关：它们都探究宇宙的存在和发展，都要用理性来解释宇宙的存在和发展。二者的不同在于，哲学从事实出发，一直追溯到一些能够解释这些事实的基本原理，例如质料或心灵，遗憾的是，哲学的理性无法解释这些基本原理的由来。

比较而言，理性也是神学的工具；但是，与哲学的思想路线不同，神学不是从事实出发而探求原理，而是从原理出发阐述事实。换言之，神学从信仰出发，用信仰的对象来解释宇宙万物。基督徒说，上帝是世界万物的本源，理性能够说明上帝与万物的关系。遗憾的是，神学无法解释上帝的由来，于是它诉诸信仰。哲学的基本原理与神学的上帝都缺乏科学知识所具有的那种实证性，都不是一种人人皆可验证的知识。因为有这样的相似性，所以有些人特别是西方人，把哲学与神学混为一谈。我们可以说，这是广义的哲学与神学。唯因如此，人们有时称奥古斯丁或阿奎那为神学家，有时又称其为哲学家。其实，在当代西方学术界，就有这样一个领域：哲学神学或神学哲学；对汉语读者来说，这样的称呼确实有些别扭。中国读者似乎更习惯于狭义的哲学与神学；二者的不同点远远大于其相同点，因为神学思想对中国文化的影响不是很大，对西方文化的影响却非常大。弄清了这种差异，就能更好地理解海德格尔思想中的哲学与神学。

离开修道院以后，海德格尔只好申请去弗莱堡大学神学院，这显然是因为学费的缘故。从上高中开始，他一直享受埃里纳助学金。1909年冬，他开始就读于弗莱堡大学神学院。在后来的一篇回忆录中，他这样写道：那时的哲学课程不能满足我的需要，我便自学经院哲学的教科书；我的逻辑知识有了一定的进步，但是在哲学上，这些书还不能回答我当时正在思考的一些问题。对于神学院的学习，海德格尔只提到卡尔·布雷格一人。在读高中时，他就读过布雷格写的一篇论文：《论存在：本体论大纲》（1896）。这篇文章使他熟悉了本体论传统中的一些基本概念。

布雷格既反对现代思想，又反对蒙昧主义。现代思想的主要特征是反对基督教神学，主张上帝不可知论，宣扬科学万能论，我们可以称之为"科学主义"。与此相对的是蒙昧主义，它反对科学、启蒙以及所有进步的事物。科学主义者认为，他们的思想不以任何信念或假设为基础；布雷格说，他要把这些人"从武断的睡梦中"唤醒。他说不可知论者同样是有信念的，那是一种古老而朴素的信念：他们相信科学、进步、生物进化以及经济、社会、历史的发展规律。科学主义不是完全"不对"，而是"不够"深入和彻底。布雷格提出一个非常重要的观点：实在的秘密是不可穷尽的。人是实在的一部分，实在无所不在，人类不可能穷尽其隐秘的本质。在他看来，人类的错误在于，他们傲慢地以自我为中心。人类中心论即自我中心论的理论必然导致"真理有用论"——对我有用的、能够服务于我的，就是真理。我们认为，布雷格所谓"实在的秘密是不可穷尽的"思想，与海德格尔所谓真理的"隐蔽与显现"，具有明显的相似性。

1910年，青年海德格尔仍然坚信天主教的"真理宝库"是一份圣礼，而非人们可以随意处置的俗物。和布雷格一样，海德格尔相信，信念不等于情感。当时的神学家施莱尔马赫宣称，只有通过直观和情感，人们才能认识上帝。海德格尔认为，这是对现代主观主义的一种屈服。他说，信念是一种艰难的挑战，要想获得幸福，拥有精神生活，你就必须去除一切低俗恶念，心怀恩典，努力工作。

1911年2月，还在弗莱堡大学神学院读书的海德格尔旧病复发。也许是用功过度，也许是他的身体不允许他做错误的事情，神学院的医生建议他休学养病。他给长辈们的印象是，有才华，但身体虚弱，不能胜任教会的工作。前面两句话的意思需要做些解释。"用功过度"比较好理解，它指的是海德格尔非常用功，不知不觉地损害了自己的健康。第二句话——也许是他的身体不允许他做错误的事情——指的是海德格尔后来的发展：他不得不放弃天主教神学，而改修哲学。一些研究者认为，哲学才是海德格尔真正的事业，从事神学研究对他来说是一个错误。这当然是从后往前看，是后人的解释，不是海德格尔的想法。

与许多刚走出大学校门的年轻人一样，海德格尔必须规划自己的未来，也必须接受随之而来的各种磨难。在家养病期间，他心情郁闷，不知何去何从。西方谚语云：患难见真情。人生在世，难免遇到困难。有了困难，总是希望有人帮一把。当海德格尔不知所措时，他的好友恩斯特·拉斯洛斯基给了他很多安慰与帮助。拉斯洛斯基是弗莱堡大学天主教研究系的学生，很早就羡慕海德格尔的才华。他建议海德格尔继续攻读神学，因为这个专业能够获得教会的资助。但是海德格尔心里明白，神学之所以对他有吸引力，是因为其哲学内容，而非神学思想。当然，他可以留在教会之内，而全神贯注于哲学。从当时的思想背景看，天主教哲学家的前途并非一片光明。他们得不到教会以外其他哲学家的尊重。这个方面的教授席位也寥寥无几。

天主教哲学家的路走不通，那就读个比较实用的专业，参加全国统考，当个教师吧。海德格尔决定学理科。1911年至1912年，他中断了神学研究，在弗莱堡大学科学系开始学习数学、物理学和化学。尽管如此，他的哲学兴趣丝毫没有减退。他先后结识了天主教哲学家克莱门·鲍姆科尔教授和艺术史家与基督教考古学家约瑟夫·索尔教授。前者是《哲学年鉴》主编，致力于选拔哲学领域的天主教徒青年才俊；后者是天主教刊物《文学评论》的主编。鲍姆科尔在1912 年的《哲学年鉴》发表了海德格尔的论文"现代哲学中的相对性问题"，索尔在《文学评论》上发表了海德格尔的论文"逻辑研究的新进展"。索尔并不理解现代物理学问题与天主教会有何关系，但是他很满意海德格尔的表现，因为其谈论逻辑的文章，引起了天主教会的很大关注，这是拉斯洛斯基告诉海德格尔的。拉斯洛斯基对他说：我有一种预感，你肯定能成为一代伟人，德国的大学会争先恐后地请你去。

现在看来，我们不能不佩服拉斯洛斯基的眼力！后来他的预言果然成为现实。与此同时，他还告诫海德格尔，天主教思想与所有的现代哲学格格不入；他不应自囚于天主教的枷锁中，而应该在教会以外的其他刊物上发表文章。这些思想对海德格尔的影响一定很大。从下面三个方面就能理解海德格尔后来与天主教的决裂。首先，海德格尔的主要兴趣在哲学，而非神学；其次，现在的海德格尔不再主修神学，而改修科学；最后，好友拉斯洛斯基已经明确地说出了他的预感：天主教与现代哲学格格不入。

拉斯洛斯基对海德格尔的关心可以说是全方位的。除了事业的选择、学术的交往、思想的走向和作品的发表，他还十分关心朋友的学费问题。学费一直是海德格尔必须面对的一大难题。布雷斯劳的一个天主教兄弟会里，有拉斯洛斯基的一个校友。拉斯洛斯基信誓旦旦地对他说，海德格尔是德国天主教哲学的最大希望。于是这位校友慷慨解囊，这笔资助，加上弗莱堡大学的一笔数额不大的助学金，再加上他做家教的收入，使海德格尔一直支撑到1913年。是年夏，他终于获得哲学博士学位，其论文题目是"心理主义的命题理论"。从这篇论文看，海德格尔的确是胡塞尔的忠实信徒，后者所著《逻辑研究》对前者的影响清晰可见。虽然初出茅庐，满怀信心的海德格尔却勇于批评学术权威，大名鼎鼎的利普斯和温德尔班成为其批评对象。

攻读博士学位，是为了找一份满意的工作。按照当时的规定，要当大学教师，就必须通过任职资格考试。海德格尔的任职资格论文是"邓斯·司各脱的范畴与意义理论"。这个题目的选择，显然与其经济状况有关。这时，他还享受撒策勒基金会的资助，该基金会要求，受助人应该以托马斯·阿奎那的方式，捍卫"教会的真理宝库"。如果行动迅速，海德格尔也许能够得到一个空缺已久的基督教哲学教授的席位。然而，他并非唯一的候选人。竞争对手恰好是他的朋友恩戈伯特·克莱博。

拉斯洛斯基在访问罗马时，结识了克莱博，他是牧师，也是神学家，年长海德格尔8岁。拉斯洛斯基本来想请克莱博帮忙，为海德格尔找工作，谁知道克莱博本人也是一个求职者。1914年，克莱博回到弗莱堡后，海德格尔很快与他取得联系，两人保持着友好的关系。现在，他们成了职场上的对手，但是谁也没有说过对方的坏话。著名的天主教徒历史学家亨利希·芬克很赏识年仅24岁的海德格尔，这对海德格尔非常有利。但是克莱博也有自己的优势，那时，他担任这一职位的代理教授，当然希望自己能够转正。他曾在1913年9月14日的日记中这样写道：今晚五六点钟，海德格尔来访。他告诉我，芬克让他做哲学史方面的研究。芬克还暗示，只要这个职位空缺，他就该尽快申请当讲师。看来，我不过是个配角，我只是在为海德格尔温被窝。

很难想象，职场上的竞争对手会在学术上取长补短，互相帮助。克莱博说，系里要求他上逻辑课，可是他对逻辑了解不多，海德格尔就帮助他备课。反过来，海德格尔在经院哲学史方面的知识不及克莱博，后者就向前者伸出援手。

1915年春，海德格尔完成了他的大学教师任职资格论文。他的指导教师是新康德主义者亨利希·李凯尔特。李凯尔特是弗莱堡大学的头面人物，是"教授的教授"。他上课的地点不是教室，而是图书馆。他把讨论班开在自己家，听课的成员都是他精心挑选的，有教授、社会名流、医生和无薪讲师，海德格尔有时也能名列其中。李凯尔特试图左右全德国任命哲学教授的政策。对年轻人来说，得罪他就等于自毁前程。在李凯尔特看来，海德格尔不过是待在天主教小角落里的一个小人物。他接受了海德格尔的任职资格论文，却懒得审阅。于是他找到克莱博，要他代为审阅并撰写评审意见。他显然不知道，克莱博与海德格尔是朋友。克莱博在日记中这样写道：我把海德格尔叫来，我们一起讨论他论文中的一些要点和难点。最后，海德格尔顺利地通过考试，成为无薪讲师。

赶紧通过大学教师任职资格考试，是为了获得那个天主教哲学教授的职位。海德格尔亲身经历了当时那种恶劣的学术环境。他觉得自己很有希望，芬克的暗示和李凯尔特的支持，都增强了他取胜的信心。后来，他的朋友兼竞争对手克莱博也退出了这场角逐，因为弗莱堡大学神学系给他提供了一个教义学教授的职位。但是，在这场只有一个人参加的求职比赛中，海德格尔竟然失败了！ 1916 年 6 月 23 日，空缺数年之久的天主教哲学教授的席位，终于迎来了"最佳人选"。聘任委员会选择了来自敏斯特大学的约瑟夫·基瑟教授，其理由是：只有非神职人员才符合申请条件，而合适的人选奇缺；经过反复酝酿，系里只能推荐一位候选人，海德格尔的名字当然不在其中。出人意料的是，基瑟教授没有接受这项任命，即使在这种情况下，海德格尔还是没有赢的希望，弗莱堡大学只能给他一个临时工的职位。

我们可以想象海德格尔的心情。过去的两年中，他一直是同事们心目中最有希望获胜的人选。他才华横溢，又有芬克和李凯尔特等重要人物的支持，完全胜任这一职位，聘任委员会却说，合适人选奇缺。海德格尔心情郁闷之际，好友拉斯洛斯基又来安慰他。他对海德格尔说，你的同行怕你，那个决定纯属主观臆断。有的研究者认为，年龄小、进步太快，也是人们不认可海德格尔的一个理由。当时正值第一次世界大战，海德格尔的同龄人正在效命疆场，有的已经为国捐躯。在这种情况下，人们自然会看重阅历和年龄。基瑟年长海德格尔 20 岁，自然会受到人们的重视。

这是海德格尔职业生涯中所经历的第一次磨难。失意中的他却找到了自己的终身伴侣。1915 年秋，海德格尔结识了艾弗里德·派特里，弗莱堡大学经济系的一个学生。派特里出生于小官员家庭，新教徒。对当时的妇女来说，读经济学是一个不同寻常的选择。她还积极参加女权运动。两年后，他们结婚了。回溯历史可以说，派特里是一个勇敢而有眼光的女子。当时的海德格尔既非名人，又非富人，连个稳定的职业也没有。她选择他，定然不是为了功名利禄。然而，对海德格尔的父母来说，这是一个沉重打击。作为虔诚的天主教徒，他们本来希望儿子能够成为牧师或神学家。无奈事与愿违，儿子改修哲学，放弃了原来的神学研究。更让他们难以接受的是儿子竟然娶了一个新教徒，海德格尔的天主教信仰必将受到严重威胁。另外，派特里的家庭属于小官员阶层，他们能够接受目前还是一无所有的海德格尔吗？无论父母怎么担心，无薪讲师马丁·海德格尔与经济系学生艾弗里德·派特里坚持自己的选择。他们在弗莱堡大学的教堂举行婚礼，双方父母均未出席。海德格尔请克莱博主持了婚礼。克莱博的日记这样写道：战时婚礼，没有乐队，没有礼服，没有花环，没有马车，没有喜宴或贵宾；双方父母均致信祝福。

1916 年，埃德蒙特·胡塞尔来到弗莱堡大学，担任哲学教授的职务。海德格尔一直想见胡塞尔，后者却并不热心，因为在胡塞尔看来，海德格尔是一个天主教徒哲学家。第二年，胡塞尔才"发现"了海德格尔。因为原来的助手辞职了，他需要一个新助手。不巧的是，1918 年 1 月，海德格尔应征入伍，服役期间，他与胡塞尔保持通信联系。在写给海德格尔的一封信中，胡塞尔赞美海德格尔"纯洁的青春"，夸奖他"思维清晰，心灵清澈，目标明确"。胡塞尔还动情地说：真想变得和你一样年轻！读你的来信，分享你的青春活力，真是一件快事！胡塞尔此时的心情，很可能与其痛失爱子有关。1916 年春，他最小的儿子阵亡；写这封信时，其次子因头部中弹，正在军队医院养伤。胡塞尔或许把海德格尔当成了自己的儿子。

1919年年初，海德格尔已是大名鼎鼎的人物了。他对"讲桌"的现象学分析使他闻名遐迩。人们称他是"梅镇的小魔术师"："小"是因为他个子不高，"魔术师"是因为他讲课引人入胜。在他的课上，讲桌不再是理念与摹本、主体与客体，过去那些宏大而高远的词汇不见了，他带领学生们返回到一个非常基本的问题：此时此地在我视野中的这个讲桌，究竟是什么？不是一个孤零零的客体和主体，而是一个各种关系交织在一起的世界，是讲桌的世界。海德格尔的朋友、著名哲学家雅斯贝尔斯对他的评价是：与其他哲学家相比，海德格尔的思想最有吸引力、最精彩、最有说服力、最神秘，可是听他讲过之后，你又会觉得一无所获。读了海德格尔的思想，你也可能有这样的感受。因为你在接受一种全新的思想，新思想往往是既有趣，又难懂。

就在这个时候，海德格尔决定脱离天主教的思想体系。他对克莱博说，天主教信仰会妨碍其进行独立的思考和研究。他不是怀疑基督教本身，而是怀疑天主教的思想体系。做一个哲学家真不容易！他必须真诚地面对自己和学生，这是需要斗争和牺牲的，一般的学者不可能知道这些事情。海德格尔认为，研究哲学是他的天职，其教学和科研正是在履行这一使命。他相信，其所作所为正是在积极地推进上帝赋予人类的那种神圣使命。我们必须注意，这是在谈哲学思想与宗教思想。海德格尔并没有正式脱离教会。根据天主教的教规，信徒不可能真正脱离教会。在胡塞尔眼中，海德格尔是一个"不守教义"的新教徒。在海德格尔的父亲看来，儿子是一个叛逆者。海德格尔对教会的态度与其对天主教思想不同，他一直与梅镇教会保持联系。临终前，他特地要求梅镇的教会，等他百年之后，要为他举行基督教葬礼。

1920年，海德格尔初次申请马堡大学的教职，但是没有成功。校方认为，他的研究成果还不够多。1922年夏，马堡大学再次招聘教师，当时，海德格尔仅凭讲课，就已名声远扬。9月22日，新康德主义学派的著名领袖保罗·纳托普致信胡塞尔，说马堡大学要"重新考察"海德格尔，不仅因为胡塞尔的大力举荐，而且因为海德格尔的创造性研究。纳托普问胡塞尔，海德格尔是否准备发表其成果。胡塞尔把纳托普的询问转告海德格尔。海德格尔埋头写了三个星期，认真总结了他对亚里士多德的研究，还写了一个导言。他把这篇长达六十多页、题为"亚里士多德的现象学解释"的稿子，立刻寄到马堡大学。纳托普与尼古拉·哈特曼——马堡大学的另一位著名哲学家——审阅了海德格尔的稿件。纳托普对胡塞尔说，海德格尔的文章"趣味盎然，观点新颖，思想深刻而严密"。与此同时，哥廷根大学也想聘任海德格尔。校方的评价非常肯定。专家认为，海德格尔的思想"极富创新精神，这是他对人类生命史的阐发和认知"。从这两个事例来看，海德格尔的好友拉斯洛斯基的预言真的实现了，两个大学都想请他去。1923年6月18日，海德格尔接受了马堡大学副教授的职位。他自豪地对雅斯贝尔斯说，该职位的待遇和正教授一样。

马堡是一个小城，大部分居民为新教徒。海德格尔对马堡大学的评价是：大学令人厌烦，学生让人尊敬。海德格尔很快成为这里的明星，他的课被安排在上午前两节。尽管学生们有睡懒觉的习惯，但是两个学期以后，上他课的学生就多达一百五十人。后来的著名哲学家伽德默尔当时正在马堡大学读书，他本来是新康德主义学派著名哲学家哈特曼的信徒，可是随着海德格尔的到来，哈特曼的信徒纷纷转向海德格尔。哈特曼是夜猫子，中午起床，夜里工作，他一直是马堡大学哲学系的灵魂人物。现在，海德格尔取代了他的位置，很多学生不再参加他的晚间讨论了。睡懒觉的学生也能早起了，因为上午七点，他们要上海德格尔的课。两年后，哈特曼离开马堡，去了科隆大学。学生们对海德格尔的评价是好坏参半，他们认为，海德格尔的课不同寻常，不能死记硬背；老师很渊博，却丝毫不以博学自居；听他讲课很让人开眼界。有的学生认为，他是"翱翔在蓝天的一只雄鹰"；有的学生却认为，他是"一个疯子"。

海德格尔在马堡大学期间发生的另外一件重要事情是汉娜·阿伦特的出现。1924年年初，18岁的犹太女学生阿伦特来到马堡大学，受教于基督教神学家鲁道夫·布特曼和哲学家海德格尔。阿伦特聪明早慧：14岁时，她对哲学产生了兴趣，读过康德的《纯粹理性批判》，她具有丰富的希腊语和拉丁语知识；16岁时，她组织过一个古代文献读书会。海德格尔与阿伦特关系暧昧是不争的事实。1950年，阿伦特曾致信海德格尔夫人，坦率地承认她与海德格尔的特殊关系。阿伦特说，她并没有负罪感，因为她已经为此而遭受了许多磨难；离开马堡时，她发誓绝不再爱任何男人。她虽然嫁人了，却没有真正的爱情。很多学者认为，这是海德格尔一生中的一个污点。我们应该区分师生关系与暧昧关系，前者是一种友谊，后者是一种不正当的关系。海德格尔年长阿伦特17岁，是两个孩子的父亲。海德格尔夫人知道这种关系，却小心翼翼地维护着家庭的声誉。早在20世纪20年代，她就是有名的反犹分子。因此，对于丈夫所钟爱的犹太女生阿伦特，她总是持敬而远之的态度。就阿伦特而言，她对海德格尔的崇敬之情很快演变为爱情，她对他的爱是异乎寻常地强烈。1950年2月，经历了第二次世界大战的浩劫而幸运地生存下来的阿伦特，再次访问弗莱堡，见到海德格尔，以前那些恩怨情仇遂涣然冰释。她又被他迷住了！回到美国后，已经是著名政治学家的阿伦特，立刻开始帮助海德格尔：为他联系出版社，帮他校对翻译稿，还寄给他书籍和一些生活必需品。

　　1925 年，尼古拉·哈特曼调任科隆大学教授，马堡大学拟聘海德格尔为正教授。聘任委员会适当施压，要求海德格尔再发表一部作品。哈特曼曾对这些聘任委员说，"海德格尔的一部非常伟大的著作"即将问世。8 月 5 日，马堡大学哲学系提议，由海德格尔接任哈特曼的教授职位。德国文化部否决了这项建议。文化部长认为，海德格尔的教学虽然十分成功，但是其研究成果尚显薄弱，不足以承担正教授之重任。1926 年 6 月 18 日，马堡大学哲学系再次建议文化部任命海德格尔为正教授。与此同时，海德格尔已将一个大部头著作交给出版社。哲学系还把出版社提供的书稿清样一并寄至文化部，但是文化部坚持以前的决定。1927 年年初，海德格尔的成名作《存在与时间》以单行本的形式，刊载于胡塞尔和马克斯·席勒主编的《哲学与现象学研究年鉴》。文化部终于明白了这部著作的情况。10 月 19 日，38 岁的海德格尔由副教授升格为正教授。从此，海德格尔不再是"隐蔽的哲学王"，而是官方任命、学界认可的哲学明星。

此后发生的许多事情，除了"大学校长事件"，均为学术探讨，本书其余部分将专门论述。"大学校长事件"是海德格尔成为著名哲学家之后发生的一件极其重要的事件，我们将在下一节专门阐述这段历史。

从海德格尔的成长经历不难看出，他是从一个默默无闻的青年学子，历经磨难，一步步地走向其伟大成就的。天资固然重要，但是专注与勤奋显然更加重要。成功为 5% 的天才加 95% 的勤奋，似乎是一个颠扑不灭的普遍真理。他的父母虽属中产阶级，却无力支付其高中学费。因为酷爱哲学研究，他顶着巨大的生存压力，与教会的"思想体系"决裂。求职路上屡屡受挫，他却能自强不息。这就是他的平凡与伟大。对我们来说，这些都是有益的精神财富。

与许多名人一样，后人对海德格尔的评价也是褒贬不一。总而言之，褒远远大于贬。许多学者认为，他是 20 世纪最伟大的哲学家之一。这个论断虽然笼统，却是正确的。我们可以从以下几个方面来理解他对当代思想的重要影响。

首先，他逝世已经三十多年了，学术界对他的研究却从未终止。海德格尔对英美思想有一定的成见，认为英语不适合哲学思考；英美学者对他也有成见，认为他的思想缺乏清晰性与严密性。他在世时，只有少数英美哲学家关注和研究他的思想。可是在过去的三十多年，以他为研究对象的英美学者越来越多，其研究成果越来越丰富多样。

其次，海德格尔著作的英译本越来越多。这是英语世界乃至全球学人对他感兴趣的又一例证。20世纪90年代，对于一个只懂英语而不懂德语的海德格尔研究者来说，海德格尔著作的英译本是不可多得的珍贵资料。现在的情况就大不相同了。如果您不懂德语，您可以用英语或汉语阅读他的著作。

再次，海德格尔对当代思想的影响是广泛而深刻的。他的观点和方法在当代哲学、美学、宗教、文学、艺术、心理学、语言学、翻译学、建筑学、环境科学等领域，都留下明显的印记。很多人错误地认为，哲学只能空谈，并无实际用途。我们来看海德格尔哲学在心理学中的具体运用。心理学是一门自然科学，其基本方法是观察和实验。哲学对它有何用处？哲学能给它指出一个方向。

故事要从二战时期瑞士军医米达特·博斯说起。博斯医生闲来无事，便随手拿起《存在与时间》打发时光。读着读着，他发现该书对人的生存与世界的分析是"前所未有的"。他觉得这些分析可以用于心理治疗，便写信给海德格尔，请求会面。海德格尔欣然同意。他觉得这个医生似乎理解他的思想。博斯回忆说，海德格尔似乎认识到，他的哲学可以走出书斋，惠及百姓，特别是那些受到战争伤害的人。于是

1959年至1969年，海德格尔在博斯家中举办了一系列讲座，听众主要是一些内科医生、心理治疗师以及博斯医生的学生与合作者。

一开始，大家什么也听不懂，总觉得"一个外星人正在努力地与地球人对话"。海德格尔耐着性子，一遍又一遍地给他们讲此在（海德格尔的基本概念之一，意思是"人的存在"）与世界的关系。他认为此在对世界本来是开放的。对心理治疗师来说，重要的是弄清病人与世界的这种开放关系是否受到损害；如果是，损害程度如何。人对世界是开放的，这种关系的重要意义在于，人要"维持"这种关系，而不要躲到"未来"或"过去"之中。这种开放关系的另外一种含义是，我们要保护人类与万物赖以生存的空间。海德格尔说，躁狂抑郁症患者不知道这个自由而开放的空间，因此他们离不开他们空间之内的那些人或物。他们与这些人或物的距离要么太远，要么太近。他们要么压倒它们，要么被它们压倒。他们既不听、也不记别人对他们说的话。病人丧失了既能接近他人或他物又能与其保持距离的能力。他们需要镇静，镇静能使他们与他人或他物共同存在。对海德格尔来说，用《存在与时间》中的基本概念来给医生们讲述心理失调的问题，这还是第一次。大而言之，海德格尔认为，现代人的权力意志已经走向病态。这是整个时代的病症。

要治病，必须先看病。诊断清楚，才能对症下药，讳疾忌医是不行的。海德格尔的药方对现代思想产生了深刻而持久的影响。有人说，他是 20 世纪最伟大的思想家；有人说，他是历史上最伟大的哲学家之一；也有人拿他与某个当代哲学家相比，说他们具有同样重要的意义。这些评价都不错，但是都不够具体。我们认为，德国著名艺术史家、文学批评家、海德格尔的学生兼助手亨利希·维冈·帕策特的评论是恰如其分的。他说海德格尔是"亚里士多德式的大哲学家"。不读海德格尔著作的人，不能评论他；仇恨他的人，也不能评论他。帕策特跟随海德格尔将近五十年，对老师的思想、感情和生活有深入细致的了解。他的观点，不仅因为其资历，而且因为其独特的目光。

中国古谚云：医不自治。其大意是，医生在给自家人看病时，总是有所顾忌，这就会影响诊断，不能对症下药。这句话同样适用于海德格尔。他能诊断现代心灵的疾患，却不能增强自己的免疫力。回首往事，海德格尔很坦率地承认，在纳粹执政期间担任弗莱堡大学校长，是他一生当中最愚蠢的决定。

原始的沉沦与难言的悔恨

海德格尔步入政坛，出乎很多人的预料。1931年年底，赫曼·莫森在托特瑙堡的小木屋访问了海德格尔，记录了海德格尔当时的一些思想。莫森说，托特瑙堡山上的小木屋一定会让人睡眠充足，晚上八点半就熄灯了。冬天夜长，所以他们有时间聊天。话题当然不是哲学，而是国家社会主义，即纳粹主义。海德格尔赞成纳粹思想，这很让莫森吃惊。他说海德格尔并不懂政治，但是他厌恶平庸，纳粹却不平庸，它宣称要做大事，要坚决反对共产主义。海德格尔主张专制，他说只有通过专制，人们才能抵御苏联那种最恶劣的共产主义专制。莫森说，他似乎不关心政治上的细节问题。莫森对海德格尔的评论是，住在托特瑙堡小山上，他衡量事物的尺度真是与众不同。海德格尔的学生也说，老师在课上从不提政治。

既然如此，他为什么同意担任弗莱堡大学校长呢？研究者认为，这与海德格尔的哲学思想有关，也与当时的政治形势有关。在海德格尔看来，纳粹执政是一场革命，是"存在的历史"的新开端。希特勒代表一个新时代。希特勒上台不是一个偶然事件，他代表了当时德国希望变革的迫切心情。海德格尔的观点与希特勒的讲话都能证明这一点。海德格尔在一篇回忆录中说，时局艰难，政府必须采取果断措施。失业人数激增，经济萧条，战争赔款，社会治安，以及苏联共产主义对西方社会制度的威胁，都是一些亟待解决的大问题。他认为纳粹能够调动生产和建设方面的一切力量。1939年4月28日，希特勒在一次讲话中说，在他的领导下，德国恢复了安定的社会秩序，生产快速发展，七百万人重新走上工作岗位，国家走向统一，军力大增，强加于德国的不平等条约《凡尔赛和约》被废除。在海德格尔看来，这是德意志民族的共同意愿。

海德格尔对这段历史写过两篇重要文章："德国大学的自我宣言"与"大学校长（1933—1934）：事实与思想"。前者是海德格尔就任弗莱堡大学校长时发表的就职演说，后者是二战以后他写的一篇回忆录。1966年9月23日，海德格尔破例接受了德国著名周刊《明镜》记者的采访。按照约定，海德格尔去世后，《明镜》发表了题为"只还有一个上帝能救度我们"的报道，这也是我们了解海德格尔校长生涯的重要文献。

当大学校长既非海德格尔的意愿，亦非其努力争取的结果，而是落在他身上的一个不祥之物。纳粹上台后不久，弗莱堡大学校长封·莫仑多夫教授就辞职不干了，任职时间很短，只有五天。辞职原因是政见不同。他不是纳粹党员，在纳粹党内没有任何关系。他认识海德格尔，迫切希望他能够接任校长一职。他还向海德格尔介绍了当校长后可能遇到的一些困难。政治上，莫仑多夫是社会民主派。当时，纳粹党已经开始迫害社会民主派，逮捕、搜查之类的事件时有发生。莫仑多夫的前任是历史学家索尔教授，一个天主教徒，他很反对海德格尔对待教会的那种否定态度。

任命莫仑多夫的前一天晚上，弗莱堡大学的纳粹党领导人就下一任校长的人选问题征求索尔的意见。这位纳粹领导人怀疑，莫仑多夫能否很好地贯彻纳粹的教育方针。莫仑多夫建议起用海德格尔，但是索尔倾向于莫仑多夫。结果，莫仑多夫校长就职刚刚五天，便遭到纳粹报刊的猛烈抨击，只好与大学评议会成员集体辞职。在宣布辞职的会议上，全体成员一致推举海德格尔出任校长。海德格尔回忆说，索尔和莫仑多夫都劝他担任这一重要职务，否则纳粹党会安插他们的爪牙，弗莱堡大学会遭受重大损失。这是海德格尔人生当中第一次接触行政职务。如他所说，他对行政工作既无兴趣，又无经验。此前，他已拒绝了所有的学术职务。他既非纳粹党员，又无任何政治经验；既不知道政府部门或纳粹党是否尊重他的意见，也不知道老师们是否听他指挥。

尽管如此，他还是认为，这次的情况有些不同。大学评议会的担忧似乎很有说服力。让一个纳粹党徒执掌大权，学校岂不乱上加乱？海德格尔说，袖手旁观，或歌功颂德，无视西方社会的历史处境，当然是一种舒适宜人的选择。可是他没有这样做。他不能辜负大家的期望，他要阻止野心勃勃的纳粹党徒。怀着这种思想，直到选举日还犹豫不决的海德格尔，终究没有放弃自己的候选资格。

1933年4月，海德格尔就任弗莱堡大学校长。他的就职演说招致许多批评，纳粹的支持者和反对者都批评这篇讲话，原因在于海德格尔的办学理念完全背离了人们久已熟知却空洞无物的人文主义理想。在他看来，现代人文主义者大讲科学，其实他们并不知道什么是科学。海德格尔要让"科学"回到其发源地——古希腊哲学。他认为，古希腊哲学具有一种现代哲学所没有的严密性。现代教育思想片面强调实用性与专业性，学生虽然学识渊博，其知识却条块分割，没有系统性；他们虽是某一领域的专家，能够找到一份受人尊敬的工作，他们的知识却是"见物不见人"，物理学只探讨物理现象，医学只探讨有生命的人体。物理现象和人体都是物，不是人。希腊人的科学是什么？海德格尔说，在古希腊，科学是一种探索活动，这种活动使人立足于万物的整体性，这种整体性的一大特点是自我隐蔽。举例说，医学探索人体的奥秘，人体是一个整体，一代人或几代人是不能穷尽其奥秘的，它是"自我隐蔽"的。海德格尔解释说，希腊人知道，科学探索有其局限，他们不可能认识命运。这就是海德格尔所谓科学的原始本质。

海德格尔认为，既往的研究偏离了科学的真正源泉，德国的大学成了培养专业技能的职业学校。海德格尔志在彻底革新德国的大学教育。他说，德国大学的使命在于，用真正的科学来培养和教育德国人民的领袖和卫士，他们是德国命运的领导者和守卫者。我们必须注意，"德国命运的领导者"的意思不是说，某些德国人可以随意规定德国的命运，而是说具有真正科学精神的领袖能够认识他那个民族的历史使命。海德格尔呼吁弗莱堡大学的广大师生，要努力反思并宣传德国大学的本质。

纳粹的支持者反对海德格尔的就职演说，因为它没有体现纳粹的教育思想；纳粹的反对者也反对这篇讲话，因为它完全否定19世纪以来人们一直坚持的人文主义教育理念。诚如海德格尔之子赫曼·海德格尔所言，"就职演说"中根本没有"国家社会主义""元首""帝国总理""希特勒"等字眼，更没有反犹思想。从"就职演说"看，可以说当时的海德格尔既不是纳粹，也不是反犹分子。读者一定会问：海德格尔后来不是加入纳粹党了吗？事实确实如此，他加入了纳粹。更准确地说，他被拉入纳粹的阵营，因为纳粹觉得，他的学术影响力有利用价值。

海德格尔对"入党问题"做了如下解释。上任不久，教育部部长就意识到，作为大学校长的海德格尔应该加入纳粹党。弗莱堡大学的纳粹党领导人立刻找他谈话，请他入党。海德格尔说，为了维护大学的利益，他决定加入纳粹党。但是他明确地提出自己的一些条件：不担任任何党内职务，不参加任何党内活动。如他所言，此前他从未参加过任何政治组织，加入纳粹党完全是敷衍了事。他既无任何实权，又不参加任何会议。纳粹从不找他征求意见，他也从不找纳粹汇报工作。海德格尔说，他当校长期间，纳粹对弗莱堡大学一直持怀疑态度，因为他想用弗莱堡大学进行文化宣传。由此看来，海德格尔只是名义上的纳粹，与真正的纳粹风马牛不相及。

海德格尔是反犹太分子吗？海德格尔说不是，其批评者说是。我们还是先来看海德格尔的辩护。他说刚刚上任的第二天，他就禁止纳粹在校园内张贴"反犹"标语。结果，学生会的领导将他上告纳粹党部。大约过了八天，上级来电话，扬言要撤销其校长职务，甚至要关闭弗莱堡大学。

再举一例：海德格尔担任大学校长之前，他的很多学生都是犹太人或犹太后裔，其中的某些人后来成为大名鼎鼎的专家或学者，如赫伯特·马尔库塞、汉娜·阿伦特和海琳·魏斯。纳粹统治长达十二年之久。漫漫长夜之后，海德格尔与他们一直保持着联系。

最后一例：有人指责海德格尔，说他忘恩负义，趋炎附势，因为1941年出《存在与时间》第五版时，他删去了给老师胡塞尔的献词。海德格尔说，《存在与时间》第五版确实删除了给胡塞尔的献词，但是这件事情与他无关。因为1941年的政治气候十分不好，出版社认为，《存在与时间》第五版可能不许印制了，甚至可能被列为禁书。出版社建议删去给胡塞尔的献词，否则该书一定不能出版。海德格尔只好妥协，但是他提出一个条件：必须保留第三十八页的注释。因为该注释明确指出，胡塞尔的研究和指导深刻地影响了海德格尔，他们还建立了亲密的关系。如果海德格尔是"反犹分子"，他就不会以校长的身份禁止"反犹活动"，也不会与某些犹太学生保持长期的友谊，更不会以严肃的态度，冒着很大的政治风险，要求出版社保留一个重要注释，以表达他对犹太老师的诚挚谢意。

1934年4月23日，海德格尔辞去大学校长职务。从上任到辞职，共一年时间。辞职原因主要有三：首先，他与纳粹政见不一；其次，他与教育部的教育理念背道而驰；最后，各系纷争不断。海德格尔说，他没有任何政治经验。从他处理各种关系的方式来看，确实如此。发表校长就职演说之后不久，他去见教育部部长。上级对他作了如下指示：第一，大主教不宜参加校级重大活动；第二，在就职演说之后举行的宴会上，海德格尔不应该在讲话中公开谈论神学教授索尔对他的学术影响。对于这种"指导"，海德格尔大失所望，他立志革新德国的大学教育，部长对此只字未提，却十分关心他的某些言行举止。大事被忽略了，小事却被当成大事。他一定觉得，身为校长的他，言论受到了限制。这是他与纳粹的第一次冲突。我们可以猜测，辞职的想法可能发端于此。

海德格尔与纳粹的第二次冲突是其辞职的导火索和主要原因。大学校长的一个重要职责是选拔合适的人做系主任。1933年至1934年冬季学期，书生型校长海德格尔选拔了几位德才兼备的教授做系主任。看好这些人的不仅有海德格尔，而且有广大的教职员工。他们都是不同学科的著名专家学者。海德格尔把革新德国大学教育的希望，部分地寄托在他们身上。教育部部长表面上同意这些任命，其实心存芥蒂。因为被任命的人员名单上没有一个是纳粹党员；不仅如此，海德格尔竟敢起用刚被教育部部长从校长位置上赶下来的问题教授做系主任；更重要的是弗莱堡大学没有把政治摆到突出位置。临近期末时，部长助理约见海德格尔，要他解除医学系和法律系主任的职务。部长助理说，这是部长的意思。海德格尔当面拒绝，并声称如果部长拒不妥协，他将辞职。当海德格尔要求会见部长、提交辞呈时，弗莱堡地区学生领袖希勒的脸上露出一丝冷笑。

与纳粹政见不合，是海德格尔辞职的第一个原因。截然不同的办学理念，是他辞职的第二个原因。1933 年夏季学期，海德格尔参加了教育部举办的大学校长会议。会议的主题是德国大学的教学方案。会议决定，所有教学方案均由医学、法律和教育三个专业的专家来制定。根据海德格尔的校长就职演说，各学科应该整合，形成一个有机的整体，而不是进一步分割；否则大学会沦为职业学院，大学的培养模式和学科间的团结协作将面临威胁。然而，会议贯彻教育部的思想，坚持纳粹所理解的大学与科学。海德格尔的办学理念成了不可实现的梦想。继续干下去还有何意义？

海德格尔辞职的第三个原因是内部纷争。弗莱堡大学内部的纳粹支持者与教育部串通一气，上下呼应，内外勾结，有效地遏制了海德格尔的革新意图。根据海德格尔回忆，医学系和法律系的教师三番五次地找他谈话，要求更换他刚刚任命的系主任。教师的这种要求与教育部的意图完全吻合，校长成了孤家寡人，上级和下级都不喜欢他。有的学者认为，这与其哲学思想有关。海德格尔素来蔑视平庸，追求客观真实。他认为大学改革事关重大，不仅关系到弗莱堡大学，而且关系到德国乃至全人类。心怀这种理想的他既不愿贯彻落实纳粹的教育方针，又不愿因循守旧，亦步亦趋，做一个息事宁人的和事佬。他要改革，但是改革使他成了孤家寡人。谁也不理解他，辞职似乎成了唯一的出路。

辞职是危险的，因为人们可以对它作出多种解释。纳粹可以说，这是对其的侮辱。此举不仅可能使海德格尔丢掉行政职务，而且会丢掉教授职位，但他还是辞了职。因为是名人，所以他的行为很低调。教育部部长认为，从舆论的角度看，弗莱堡大学与教育部之间的冲突不是一件好事，会给人留下坏印象。海德格尔也是这么认为。因此，直到任命新校长，外界才知道，海德格尔下台了。纳粹的报纸说，弗莱堡大学迎来了首位纳粹校长。纳粹担心，公开宣布海德格尔的辞职，可能有损于国家的形象；国外的敌人可能因此而大做文章，抨击德国。1933 年，意大利著名哲学家贝内德托·克罗齐曾对友人说，他不相信海德格尔会在政治上有所建树，因为意大利和德国的独裁者对理论毫无兴趣。同情海德格尔的人都认为，担任弗莱堡大学校长是一大错误，他为此付出了高昂的代价。海德格尔辞职后不久，一个学生在写给他的信中说，她怎么也不能理解他当校长的事情。海德格尔回信说，那确实是他所做的最愚蠢的一件事情。

海德格尔是不是纳粹？支持他的人说不是，纳粹也说不是，批评他的人却说是。

海德格尔的支持者认为他是纳粹的受害者，主要有如下几点理由：（1）尚未辞职的海德格尔已经开始遭受纳粹的迫害。1934年2月，纳粹意识到，海德格尔的校长就职演说不符合纳粹的意识形态，便严令禁止传播该演说。（2）1935年，纳粹禁止海德格尔参加布拉格国际哲学大会。1937年，由于纳粹的阻挠，海德格尔未能出席巴黎笛卡儿大会。鉴于海德格尔在学术界的巨大影响，法国的会务组拟单独邀请他，因为德国代表团的名单上没有他的名字。海德格尔致信会务组，他必须请示帝国教育部。过了一段时间，批复下达，海德格尔可以以候补代表的身份参加会议。他觉得这是对他的侮辱，便拒绝了。（3）1937年，纳粹开始秘密监视海德格尔。汉克博士受德国西南部安全事务负责人希勒的指派，参加海德格尔开设的讨论班，秘密监视这位持不同政见的教授。在亲身感受了海德格尔的学术水平、敬业精神与为人处世的态度之后，这个密探再也不愿继续其阴谋活动了。他也不想保持沉默，因为他担心，海德格尔会遭遇更大的麻烦，进而完全失去自由，他要提醒这位可敬的教授。海德格尔回忆说，他与"这个盖世太保秘密警察促膝长谈，那确实是个好人"。此后，海德格尔再也没有见过他。据说他被调往前线，战死了。（4）自1938年始，纳粹禁止海德格尔的名字出现于任何报刊，也不许学术界评论其思想。海德格尔的早期著作《存在与时间》和《康德与形而上学问题》，也被禁止出版。1941年，禁令略有松动，书可以出，但是他不得不删除扉页上的献词。

很多中国读者都熟悉这样一句话：凡是敌人拥护的，我们就反对；凡是敌人反对的，我们就拥护。现在看来，这句话适用于大多数人，却不适用于海德格尔。因为他成了盟军和纳粹的公敌！纳粹说，海德格尔不是纳粹；纳粹的敌人盟军却说，他是纳粹。岂不怪哉！我们来看落在海德格尔头上的厄运。1945年5月8日，弗莱堡大学学术委员会决定清理纳粹时期的三种人：为秘密警察工作的人，纳粹党的干部，以及担任过高级行政职务的人（如校长或系主任）。法军联络官建立了一个能够代表弗莱堡大学与军政府沟通的清理纳粹委员会。7月23日，海德格尔在该委员会面前第一次为自己辩护。总的来说，他们对待海德格尔的态度是好的。他们对海德格尔的指控是：对学生的讲话完全采用纳粹的宣传语言，不折不扣地执行元首的教育方针，限制大学教师的独立与自由。

海德格尔的自我辩护留给清理委员会一个不好的印象：他毫无悔过之意。其实，他不是认为自己毫无责任，而是心里害怕。同样被起诉的一个文学教授已被法军逮捕，他担心自己也会遭此劫难，担心自己的家庭和图书。他毅然决然地辞去大学校长职务，专心致力于学术研究，就是其悔过自新的明证。8月，清理纳粹委员会对海德格尔作出裁决，其大意是：他担任校长期间，曾在德国学人当中为纳粹辩护，致使学术研究很难在动荡不定的政治环境中保持独立；但是1934年以后，他就脱离了纳粹。因此，该委员会建议，海德格尔应该提前退休，但是保留其教授职务；他有上课的权利，却不能参与大学的行政事务。对此表示异议的，不是法国军政府，而是弗莱堡大学学术委员会！该委员会认为，这个裁决过于仁慈，没有威慑力。他们说，如果海德格尔能够毫发无损地过了这一关，他们就无须起诉任何教师了，清理纳粹委员会必须重新审查海德格尔。

在重新审查的过程中，海德格尔的朋友雅斯贝尔斯的专家意见起了关键却极为负面的作用。他说学术自由是我们的最终目标，可是海德格尔的思维方式完全是不自由的、专制的和缺乏交流的，对学生具有很大的消极影响；在他痛改前非并身体力行该转变之前，就让这样的教师重上讲台，是完全错误的。1946年1月19日，根据雅斯贝尔斯的专家意见，清理纳粹委员会再次提出审理意见，上交法国军政府。该意见称，弗莱堡大学必须取消海德格尔的教学资格，撤销其教授职务，削减部分退休金。1946年年底，军政府同意了这项处理意见，外加一条更为严厉的处罚：从1947年开始，停发海德格尔的退休金。值得庆幸的是，同年5月，停发退休金的决定被废止。

有趣的是，雅斯贝尔斯先是要求清理纳粹委员会严肃处理海德格尔，后来又奔走呼号，要求校方取消禁止海德格尔教书的决定。1949年年初，他致信弗莱堡大学校长，要求恢复海德格尔教书的权利。他说马丁·海德格尔教授是全世界公认的最重要的哲学家之一，德国哲学家无出其右；在这个哲学思想匮乏的时代，他的著述具有特殊意义。他的哲学几乎处于半封闭状态，因为他的文章只是部分地揭示了他的思想。他的哲学探讨了一些极其深刻的问题。雅斯贝尔斯说，必须采取措施，让海德格尔平静地生活；如果他愿意，还要让他讲课。是年5月，弗莱堡大学学术委员会请求教育部恢复海德格尔应该享有的退休教授的权利，并撤销禁止其讲课的决定。经过很长时间的商议，直到1952年，官方才恢复了海德格尔的教学资格。

不仅海德格尔是纳粹的受害者，海德格尔的学生也深受其害。人们不理解海德格尔，自然也就不理解他的学生了。海德格尔伤心地说，他的三个好学生——伽德默尔、G.克鲁格、布鲁克——正因为是他的学生，他们不能正常晋升职务。直到他们的成就和影响远远超过了教授的水平，校方才不得不接受其申请。

海德格尔的反对者对他提出不少批评，其中的四个批评很有代表性。（1）他们说海德格尔是"官迷"。上任伊始，他就抓住一切机会，炫耀自己的权力。纳粹的高级干部、各部的部长、其他大学的校长以及新闻记者都拜访过他。批评者并不否认，海德格尔只干了不到一年就辞职了。他们也不否认，身为大学校长的他曾与纳粹或上级多次发生冲突，而"官迷"通常是不会这样做的。（2）批评者说海德格尔限制学术自由，反对教授治校。他们指出，1933年6月，学者联合会召开会议，以海德格尔为首的纳粹教师迫使一些老委员辞职。在随后召开的校长办公会议上，海德格尔宣布解散该组织。批评者还说，弗莱堡大学想做纳粹大学改革的"先进"，在这件事情上，海德格尔真的成了德国大学的领袖。我们认为这个批评同样没有说服力，学者联合会不是学术委员会，与教授治校没有直接联系；如果海德格尔想做大学改革的"先进"，他就不会轻易辞去具有很大影响力的校长职务。（3）批评者还说，海德格尔是希特勒的忠实追随者。这种说法与以上所述纳粹带给海德格尔的诸多伤害，真可谓南辕北辙。当校长之前，海德格尔不是纳粹；当了校长、加入纳粹之后，他也只是名义上的纳粹。辞职以后，他不再是纳粹了。怎么能说他是希特勒的忠实追随者呢？既是忠实追随者，希特勒的秘密警察为什么还要监视他呢？（4）批评者认为，海德格尔辞去校长职务，是为了保持纳粹革命的纯洁性。这种观点更没有道理。通常认为，权力越大，影响力就越大；影响力越大，就越有可能实现某种目标。以此类推，如果海德格尔的目标是保持纳粹革命的纯洁性，他就不该辞职；如果他辞职了，他就不可能在更大范围内保持纳粹革命的纯洁性。假如他是真纳粹，辞职后的他最多只能保持他一个人的纯洁性，何以推广这种品质？何以实现革命的目标？我们认为，最后一种批评同样不能成立。

校长事件之后，海德格尔始终不愿谈论这件伤心事。他长期保持沉默，但是沉默不等于无理。用他的话语说，隐蔽不等于不存在。真理悄悄地隐蔽在那里，我们可能不知道它的存在，但是我们不能断言，它并不存在。海德格尔是名人，人们总是希望，名人是完人。然而事实告诉我们，名人不等于完人。在哲学领域，海德格尔是巨人，但是在政治领域，他就不再是巨人了。不同的领域有不同的规则。顺之则昌，逆之则亡。就任大学校长后，海德格尔很快就意识到，他对纳粹的理解是错误的。从他担任大学校长到生命的最后一刻，他始终认为，他与政治的纠葛属于哲学问题，而非政治事件。他是哲学家，而非政治家。他试图在政治上实现自己的哲学理想，结果招致许多误解与仇视。他追悔莫及，因为他彻底失败了。1950年三四月间，他两次致信雅斯贝尔斯，描述自己的羞愧之情。他说，给雅斯贝尔斯写信，不是为了自我辩护，而是为了告诉他，过去几年，当纳粹的滔天罪行大白于天下时，他的羞愧之情与日俱增——他后悔自己曾直接或间接地参与那些罪恶勾当。

《存在与时间》在描述人的生存时，用了一个很形象的术语——沉沦。其大意是，人不是孤零零的个体，而是与他人和他物共同生活于一个世界。人与世界的这种不可分割性决定了他对世界的基本态度：从离他最近的事物来理解自己与世界。根据周围的事物来理解自己和世界的这种思想倾向，海德格尔称之为"沉沦"，其意思是，人必然会"掉落到某个环境中"，这个环境就是他的世界。人离不开他的世界，这就是说，沉沦于某个世界是人的原始规定。沉沦是原始的，是人的本性。与此同时海德格尔又说，人必须超越沉沦状态，在更高层面理解人的存在。但是理论与实践毕竟不同。深刻地探索过人性的哲学家，却没有摆脱沉沦的厄运——海德格尔被卷入纳粹的漩涡。虽然时间不长，却给他留下永恒的伤痛。1963年4月16日，海德格尔在写给帕策特的信中说，人们对他的仇视与歪曲随处可见，他们完全不理解他，他们不愿深究。此前几十年，他已经看得非常清楚，因此他宁愿保持沉默。海德格尔还用了一个中国老百姓很熟悉的词汇来描述其心情。他说人们不愿深究，这是"天命"。天命不是人力所能左右的。海德格尔认为，沉沦虽然原始，毕竟是可以超越的；悔恨之情虽然难以言表，哲学家竟然一反常态，接受了他并不喜欢的《明镜》周刊的采访。他有说的勇气，很多人却没有听的勇气。带着成见去听，不假思索去听，何以能听懂？

1952 年至 1976 年，海德格尔过着平静而简朴的生活，笔耕不辍，硕果累累。少数人的批评丝毫不能影响其巨大的学术影响力。他的名声早已超越大学校园，享誉全球。帕策特的日记里有这样一个有趣的故事：一天，来自南美洲的一个大家庭出现在海德格尔家门口，请求会见哲学家。当海德格尔出现在他们面前时，他们用羡慕的目光，看着这位神话人物，频频鞠躬，表示敬意，一句话没说就离开了。这说明，大洋彼岸的普通百姓也知道海德格尔这个名字。

大名鼎鼎的哲学家过着俭朴的生活，这是很多人都无法想象的。海德格尔七十大寿时，家人和朋友都来为他庆贺。不来梅的几个朋友给了他一个意外的惊喜：赠送他一套四十卷本的歌德文集。这是不来梅的朋友们在一家旧书店买的二手书。事情的原委是这样的。这些朋友们本来不知道海德格尔喜爱歌德的作品。帕策特从海德格尔夫人那里得知，海德格尔曾在弗莱堡大学图书馆数次借阅歌德文集，图书馆的借书条是最好的证明。一个闻名世界的大哲学家竟然无力购买自己喜欢的图书！歌德文集不是什么贵重物品，而是中产阶级家庭教育孩子时的必读书目。还有一件事可以证明海德格尔生活之简朴。1969年，海德格尔夫妇年事已高，他们想在自家的花园盖一个小平房安度晚年，但是没有钱。海德格尔提议卖掉《存在与时间》的手稿。是年4月，海德格尔夫人咨询阿伦特，该卖多少钱？哪里能卖个好价钱，美国还是德国？阿伦特立即咨询这方面的专家。专家认为，最好的买主可能是美国得克萨斯大学。该书稿终究没有去新大陆，而是留在旧大陆——马堡的席勒文献中心有意购买。海德格尔的所有手稿均收藏于此。

1976年1月，海德格尔约见其梅镇同乡、弗莱堡大学神学教授伯恩哈特·维尔特。海德格尔说，他百年之后，希望维尔特为他主持天主教葬礼，把他葬在梅镇公墓。海德格尔对天主教会的态度很微妙，他不相信天主教教义，却很尊重天主教会。与友人徒步旅行时，每到一个大教堂或小礼拜堂，他总要把手指浸入圣水钵，行屈膝礼。他认为思想离不开历史；有祈祷就有上帝，上帝会以很特殊的方式出现。看来他相信上帝，不过他心中的上帝与天主教徒的上帝有很大区别。

1976年5月26日清晨，海德格尔醒来，不一会儿又睡着了。一边睡觉，一边还喃喃自语：谢谢！他走了，走得很安详，没有任何痛苦。遵照他的遗愿，维尔特为他主持葬礼。海德格尔终于回到了故乡的怀抱。

第2章

时间是存在的本质

　　《存在与时间》（1927）是海德格尔的代表作。海德格尔本人及其研究者都认为，不读这本书，就不能理解海德格尔。可是，对许多中国读者来说，这是一部很难读的大部头著作。思想新颖而深刻是其难点之一，第二个难点应该是其晦涩难懂的语言。很多研究者，甚至与海德格尔同时代的一些大哲学家都认为，他的语言晦涩难懂，偏词怪词很多，让人难以捉摸。本书是为哲学爱好者撰写的，他们不同于哲学家或哲学工作者。一般来说，很多中国读者都学过英语，却不一定学过德语。所以本书在标注某些专业术语时，只用英语，而没有用德语。对初学者来说，英语注释也许是有益的；但是对高水平的读者来说，英语注释显然不如德语注释准确和严密。本书之所以使用英语注释，就是为了引导不懂德语的初学者，步入海德格尔的思想宝库。

为了方便读者理解，简要地介绍该书的写作背景是必要的和有益的。早在1922年夏至1923年夏，《存在与时间》的轮廓已清晰可见。1989年，海德格尔的讲课稿《亚里士多德思想的现象学阐述：解释情境要略》初次面世。人们发现，该讲稿与《存在与时间》有许多相似之处。海德格尔在马堡大学和弗莱堡大学的讲课，牢固地树立了他在德国哲学界乃至世界哲学界的崇高威信。马堡大学的著名哲学家保罗·那托尔普认为，这是"天才的作品"。当时在那托尔普名下攻读博士学位的伽德默尔说，该稿"发人深省"。1923年夏，海德格尔在弗莱堡大学讲授的本体论课程，一定产生了同样的轰动效应。后来成名的一些哲学家，曾经是这位无薪讲师的忠实听众。他们认为，海德格尔是"隐蔽的哲学王"。这些先知先觉的学生包括伽德默尔、马克斯·霍克海默、奥斯卡·柏克、弗里兹·考夫曼、赫伯特·马尔库斯以及汉斯·约纳斯。

首先来看海德格尔的哲学方法——解释学现象学。"解释学现象学"是一个怪词，因为它把两个哲学流派的名称合在一起，不合乎汉语的习惯。有的学者称之为"解释学化的现象学"，也不易理解。我们必须弄清什么是解释学，什么是现象学；他为什么要采用这种方法。现象学是海德格尔的老师胡塞尔创立的，其目的是"探索世界的出路"。伽德默尔说，20世纪20年代，第一次世界大战刚刚结束，"西方的没落"成为当时思想界的关键词。现象学、社会学、政治经济学、存在主义等思潮应运而生。旧观念不再适用了，新世界需要新观念。现象学提出一个响亮的口号：面向事情本身！人们必须克服以前那种夸夸其谈、自我欺骗或自由散漫的思想方法，努力培养清晰而严谨的思维方式。只有这样，人们才可能找到世界的真正出路。现象学的目标是，抛弃所有的旧观念、旧思想，用新方法让事物本身显现出来，而不是用传统观念把它们掩盖起来。这种新方法就是"描述"——排除一切偏见，直接面对事物。胡塞尔的早期现象学被称为"描述性现象学"。海德格尔从胡塞尔那里学到的现象学方法，就是指描述性现象学。这种方法究竟是如何描述事物的？它究竟有哪些优势？

　　1919年年初，无薪讲师海德格尔开始在弗莱堡大学的讲台上崭露头角，成功地展示了描述性现象学的巨大威力。事物是如何出现在我们的经验之中的？他说，事物通常不是作为科学家、伦理学家或哲学家的研究对象而出现在我们面前，因为只有极少数人是科学家、伦理学家或哲学家，即使这些人也只是在进行学术研究时，才把事物当作学术研究的对象。胡塞尔的现象学有一个基本原则：显现在"直观"中的任何事物都是原始的，它们如何显现，我们就该如何认识它们。"直观"是一个哲学术语，其含义是"人们直接观察到的那些事物"。海德格尔认为，从现象学的角度看，进入科学家、伦理学家或哲学家视野中的那些事物，根本不是"事物本身"，而是事物的几种表现形式。以讲桌为例，老师和学生经常看见它，老师上课时经常用到它，学生经常从它前面走过。进入教室，我们就能看到这张桌子。我们所看到的，究竟是什么？是这张桌子的颜色和图案吗？不是，海德格尔坚定地说。我们看到的是另外一种东西，一个长方形的桌子，体积比较大，上面还有一个小桌子。此外，我们还看到一张老师用来讲课的桌子。坐在这个教室里听课的学生也能看到它。我们并不是先看到这张桌子的颜色和图案，后来又看到这是一张桌子，随后才看到这是一张讲桌，然后又看到这是一张大学老师所使用的讲桌，好像我们在做拼图游戏。

海德格尔说，这种解释完全歪曲了真正的经验。他认为，我们看到的是讲桌的整体——桌子及其周围的事物，而不是一张孤零零的桌子。我们发现，对于正在讲课的老师来说，这张桌子支得太高了；我们看到，桌子上有一本书，令人生厌；讲桌坐北朝南，周围的光线不够理想，后面是一块黑板。"看"这张桌子时,有一种东西显现在我们面前。这就是我们的原始经验,它是直接出现的,没有在我们心里兜任何圈子。我们"看到"的,是这张桌子以及与它相关的其他事物。我们面对的事物不是一张呆板的桌子,而是一个内容丰富的生机勃勃的世界;桌子是这个世界的中心,其他事物处于桌子世界的边缘。

这节课让学生们认识了青年讲师海德格尔。他们称他为"小个子魔术师"。他们喜欢这种新观点。方法不同,人们看到的事物就各不相同。描述性现象学令人耳目一新,其矛头直指当时的主流思潮——新康德主义。这些哲学家忙于领会和应用康德思想,无暇顾及思想的彻底性。康德有一句名言:理性不能直观,感性不能思维;只有二者的结合,才能产生知识。思维能力不同于感性直观。感觉经验能给我们提供一些支离破碎的原始材料,例如桌子的颜色、形状、大小、位置等,但是感性直观没有连接功能,不能把这些感性材料综合为一个有机的整体,形成知识。

与感性直观不同,理性或思维能力虽然具有连接功能,能把感性材料综合为一个有机的整体,可是它没有感性直观能力,收集不到桌子的颜色、形状、大小、位置等素材,也不能产生知识。因此康德说,离开感性直观,理性思维必然是空洞的;离开理性思维,感性直观必然是盲目的。新康德主义者致力于阐释康德哲学的唯物主义、认识论或道德哲学，却没有探讨这些理论的基础：感性直观与理性思维究竟是什么关系？它们能否合二为一？描述性现象学作出了肯定的回答。海德格尔的讲座分析表明，感性直观与理性思维原本是不可分的，它们是一种能力。哲学家对它们的划分是人为的。事实上，它们是一个不可分割的整体。现象学的这种观点与新康德主义重视理性思维、轻视感觉经验的倾向截然相反。

　　海德格尔非常清楚地指出，他的现象学是从胡塞尔那里学来的。从哲学上说，胡塞尔的现象学旨在描述意识的内在秩序。他认为意识的一大特征是"意向性"：人的意识总是指向某个事物。换言之，意识不是一个空罐子，老等着外部世界的那些东西来把它装满。相反，意识与其对象是不可分割的统一体。意识总是带着它的对象。例如我们对院子里那棵树的意识。树是什么？就是我们意识中的那个东西。我们意识到，早春时节，这棵树尚未吐绿，树叶枯黄，枝丫横斜；风大时，它还呼呼作响。我们知道，用不了多长时间，它就会变得枝叶婆娑，生机盎然。除此之外，并没有什么"树本身"。我们认为，胡塞尔对康德的二元论和不可知论的这种反驳，很有说服力。意识与其对象是统一体，这是意向性理论的第一要义。由此而来的另一种含义也非常重要。

胡塞尔认为，意识总是对事物的某个方面的认识，如果它成了我们关注的焦点，其他方面就成为它的背景。

北宋苏轼的《题西林壁》是很多人耳熟能详的一首诗：横看成岭侧成峰，远近高低各不同。不识庐山真面目，只缘身在此山中。横看和侧看不同，远看和近看不同，这些都是庐山的不同方面。胡塞尔强调的是，当这个方面成为我们关注的焦点时，其他方面就成为其边缘或背景。如果我们注意庐山的正面，它的侧面就成了正面的边缘或背景，反之亦然。边缘领域和中心领域都是意识的构造，都是外部事物在我们心中的显现，都具有重要意义。它们共同构成一个统一体或意识流，其一带着其他。我们可以怀着不同的心情看待同一对象。因此庐山可以作为不同的对象而存在。可以怀着好奇、敬畏、希望、实用或学术研究的目的，来访问它。但是必须牢记，庐山不仅有这些特点，还有更多方面，尽管它们尚未进入我们的视野，引起我们的注意。换言之，它们还在幕后，尚未走到台前。因此不能否认它们的存在。海德格尔的现象学吸收了胡塞尔的这一洞见。

不仅如此，海德格尔还创造性地发展了胡塞尔的现象学——他重新解释了现象学描述的意义。胡塞尔认为，现象学只描述意识领域的现象，而不作任何解释。海德格尔认为，描述就是解释，描述现象就是解释现象。通常认为，解释必须有理有据。问题是：这些道理或根据又从何而来呢？子曰：三人行，必有我师焉。择其善者而从之，其不善者而改之。家长经常用这句话来教育自己的孩子，希望他们能像孔子那样谦虚好学，不断进步。大胆的孩子也许会问：孔子的做法就一定是正确的吗？我为什么要相信他的话呢？家长应该如何作答呢？他（她）可能会说，两千多年以来，中国人一直这么说。这就是解释的终点，我们不能再往前推进了。无论终点在哪儿，我们的解释总会停下来。因为我们无法做更多的解释了。

解释的这个终点是什么？海德格尔说，不是什么道理或根据，而是一种先入之见。家长的先入之见是：人们一直沿用至今的道理应该是正确的。在他看来，这是不言而喻的。这个道理同样适用于现象的描述。在描述某种现象时，我们的心灵不是一张白纸，任由感官经验在上面挥毫泼墨；毋宁说我们是在解释这些感官经验，而解释的根据是一些不证自明的事实或道理。正是在这种意义上，海德格尔说，人的现象学就是解释学，描述人就是解释人。在现象学中加入解释学元素，是海德格尔对胡塞尔现象学的第一个修正。这个修正源于海德格尔对狄尔泰（1833—1911）解释学的重新认识。新康德主义者科亨和里克特认为，有些价值观念是普遍的和客观有效的，它们是无限的和超越经验的。与此相反，狄尔泰认为，并没有什么无限而超越经验的价值观念，一切价值观念皆源于生活（life），生活是各种精神现象的最终源泉，生活必然属于某个历史阶段。那些客观有效的价值观念不是生活强加的，而是人们对历史性生活的解释。

狄尔泰的历史哲学让海德格尔认识到，真理不是一成不变的，真理也有自己的历史。与狄尔泰一样，海德格尔认为，真理（比如道德真理）的发现与人对历史性生活的解释息息相关。但是他没有就此止步，而是走得更远。他认为，人之所以能够解释生活，是因为生活（或生命）的意义已经显现。没有这种显现，就没有解释，也就没有历史或价值观念。显现出来的这种东西，海德格尔称之为"存在者的存在"。"存在者"即千姿百态的生活，我们能看得见摸得着的一些具体事物，"存在"是这些事物对我们显现出来的意义。海德格尔的逻辑很清楚：意义不显现，我们就无法认识事物。狄尔泰的解释学本来是人文科学的方法论，海德格尔用它来阐述存在的意义。这样，解释学就有了存在论（我们通常所谓"本体论"）的基础，成为一种具有普遍意义的哲学方法。

不仅如此，海德格尔还把现象学置于存在论之上，创立了前所未有的现象学存在论。胡塞尔的现象学以人的意识为对象。海德格尔认为这是不够的，意识还不是"事物本身"。

独立于生活的意识不过是哲学家的虚构。在他看来，意识是生活的组成部分。只有预先假设了意识与生活的不可分割性，我们才能把它们分开，才能谈论意识的意向性结构。举例来说，某人缺乏道德修养，经常做一些损人利己的事情，同事们都讨厌他。他们不能接受他的道德观念，不想与他为伍。实际上，道德与不道德是生命之树上的两朵花，只是一朵鲜艳夺目，另一朵丑陋干瘪。先有生命之树，后有这两朵花。有了这两朵花，我们才能做道德判断。如果只有一朵花，我们就不能比较，也不能作出判断了。

"面对事情本身"是现象学的宗旨，如何理解"事情"是现象学的关键。胡塞尔的"事情"是意识的结构，海德格尔的"事情"是存在的意义。海德格尔认为，意识活动只能在人生的大舞台上进行；看不到这个舞台，就看不懂意识的活动。因此在他看来，哲学是"具有普遍意义的现象学存在论"，其出发点是人的解释学。"人的解释学"即解释人的生活或生命，探索其存在的意义。人与其他事物的一大区别是，人能提出和回答"存在的问题"，其他事物只是存在着，却不能像我们这样追问存在的意义。

人生在世的主要特征：在……之中，世界，人们

　　海德格尔毕生致力于追问存在的意义。"存在"是一个传统观念，我们通常所谓的"本体论"，其实就是"存在论"。在传统哲学中，"本体"与"现象"相对，现象是可以感知的，本体是不可以感知的；多数哲学家认为，本体是现象的根据，前者比后者更重要。柏拉图认为，世界万物可以分为两大类：理念与感性事物。理念是世界万物的本体，感性事物是理念的摹本。理念世界高于感性世界，因为前者是永恒不变的，后者却处于运动变化之中。善的理念是一，各种各样的、不同时代不同地域的善举是多。多是一的表现形态。柏拉图的逻辑是：只有懂得什么是善，我们才可能行善；不分善恶，我们就不可能追求善而躲避恶。这个道理同样适用于正义的理念。我们都想与正派的人打交道，都想生活和工作在一个正义的社会环境中。何以实现我们的理想？柏拉图说，首先必须弄清何谓正义。只有弄懂什么是正义，我们才能把理想化为现实。

　　柏拉图是西方历史上第一位有大量著作传世的重要思想家。他开创了"本体比现象更重要"的思想传统。这个传统绵延两千多年，一直保持到黑格尔哲学中。黑格尔认为，绝

对精神是本体，世界万物都是绝对精神的表现形态。与柏拉图的理念不同，绝对精神是发展变化的。从逻辑的角度看，绝对精神的发展变化经历了逻辑、自然、精神三个阶段。逻辑阶段的绝对精神是纯粹的精神，这是世界万物的本质。"纯粹"的意思是，从纯粹理性的角度看，把精神与事物分开，单独考察精神的存在与发展。认识了精神，也就认识了事物。黑格尔的基本思想是，有了本质，才能有事物；没有本质，就不可能有事物。从逻辑上说，树木的生长规律比具体的树木更重要。认识了杨树的生长规律，我们就能合理地使用这种植物；不认识杨树的生长规律，光知道这是一棵杨树，我们就不能合理地使用这种植物。事物的本质就是事物的发展规律。事物的发展规律就是事物的逻辑。逻辑是绝对精神的初级阶段，在这个阶段，绝对精神表现为事物的内在本质。黑格尔的辩证法认为，本质必然表现自身，本质的表现即现象。杨树的生长规律必然要表现为具体的杨树。因此，绝对精神的中级阶段是自然，即自然万物。自然万物是精神的外化。从表面看，自然事物不是精神；从本质看，它们都是精神，是精神的外化。日月经天，江河行地，其永恒不变的规律从何而来？黑格尔说，来自精神。精神决定规律，规律决定事物。说到底，精神是事物的本体。因此，黑格尔认为，精神是绝对精神的高级阶段。"精神"与"绝对精神"有所不同。广义而言,"精神"与"绝对精神"同义,与现象、自然相对。狭义而言,"绝对精神"是本体,精神是绝对精神发展历程中的最高阶段。"绝对"的意思是自由自在,没有限制。精神阶段不同于逻辑阶段和自然阶段。逻辑阶段的绝对精神是内在的,还没有表现于外,杨树的生长规律还仅仅是一个规律,还没有具体化为某一棵杨树。自然阶段的绝对精神是外在的。"外在"的意思是,绝对精神走到自身之外,外化为自然事物——杨树的生长规律外化为某一棵杨树。精神阶段的绝对精神是内在性与外在性的对立统一。在精神阶段,绝对精神有了自我意识,它清楚地认识到,逻辑阶段的内在本质和自然阶段的外在现象,表面上是对立的,实际上是统一的;二者都是绝对精神的表现形式。逻辑阶段不是自然阶段的对立面,自然阶段也不是逻辑阶段的对立面;逻辑以自然为家,自然以逻辑为家。用杨树的例子说,杨树的生长规律以某一棵杨树为家,这一棵杨树也以杨树的生长规律为家。规律在树中,就是在自己家中;树在规律中,也是在自己家中。规律表现为树,树表现规律。这就是对立统一。发展到精神阶段,绝对精神就实现了逻辑与自然的对立统一。自然事物的本质是自由自在的精神,即绝对精神。

重视认识论、忽视甚至否定本体论,是近现代西方哲学的一大特征。海德格尔的非凡勇气和远见卓识就表现在他对本体论问题的研究上。为了统一说法，我们还是采用"存在论"这种提法，因为它便于我们阐述海德格尔的思想。从字面看，"存在论"与"本体论"同义。在《存在与时间》中，海德格尔称自己的存在论为"基础存在论"，其含义是，他的存在论是传统存在论的基础；没有这个基础，传统存在论就是有缺陷的，因为它要么没有追问存在的意义，要么追问得不够彻底。

在海德格尔的学生时代，新康德主义是德国哲学的主流。当时的大哲学家，如纳托普、李克特、科亨、温德尔班，都不讲存在论，因为康德已经说过了，存在是不可知的。海德格尔的恩师胡塞尔也不讲存在论。在这种背景下，讲存在论的海德格尔一定有曲高和寡之感。他毕竟是勇者。他看到了别人所看不到的，所以他具有别人所没有的勇气和力量。

西方历史上的存在论大致可以分为三种形态。有的哲学家认为，"存在"是"最普遍"的概念。这就是说，人们在理解事物时，必然使用这个概念。学过英语的人知道，英语中的 Be 有三种翻译："有""是""存在"。它们是一个意思。对于没有学过英语的人来说，这一点并不难理解。"有朋自远方来"的意思是，"有"人"存在"于远方，他"是"

我的朋友，他来看我。"有人"、此人"是"、此人"存在"是同义语。光知道存在概念具有普遍性是不够的。海德格尔说，存在概念的普遍性与其他概念的普遍性大不相同。就普遍性而言，布谷鸟的概念不及鸟的概念，鸟的概念不及动物的概念，动物的概念不及生物的概念，生物的概念不及物体的概念。这些概念的外延一个比一个大。存在概念确实是最普遍的概念，但是它的普遍性不能从这种意义上来理解。海德格尔认为，存在不是万物中之一物，也不是一个可有可无的概念。不认识布谷鸟的人，可以不使用这个概念，但是不认识存在概念的人，却不能不使用这个概念。一个没有学过西方哲学的老人或小孩儿，不知道"存在"为何物，但是他们天天都用这个概念：他们对来访的朋友说，这"是"我的家；他们对自己的家人说，晚上"有"电影。对他们来说，布谷鸟的概念是可有可无的，存在概念是必不可少的。认识这个道理是一回事儿，有没有这个道理是另外一回事儿。前者是哲学家的任务，后者是客观事实。在海德格尔看来，过去的哲学家已经认识到存在概念的普遍性，却未能认清这种普遍性的实质。所以他说，存在概念是最不清楚的一个概念。

还有的哲学家认为，存在概念是"不可定义"的。海德格尔说，这一点已经包含于存在概念的普遍性之中。存在既然是最普遍的，人们当然无法给它下定义。因为定义要求人们用一个更普遍的概念来阐述被定义者。举例来说，人是有理性的动物。在这个定义中，人们用"动物"这个更普遍的概念来阐述被定义者"人"。传统存在论的定义法显然不适用于存在概念，因为存在是最普遍的概念，我们找不着比它更普遍的概念来阐述它。海德格尔说，由此看来，我们不能用定义的方法来理解存在概念。

存在概念的第三种解释认为，存在是"自明"的，无须深究。这些人说，谁都知道"天是蓝的"，"地是平的"，"水是会结冰的"。哲学与常识的区别恰恰就在这个地方。常识无须反思，哲学必须反思。海德格尔指出，我们的生活早已包含了某种存在概念，这个概念的意义问题却从来没有进入我们的视野。仿佛一个练气功者，其身体早已具备做气功的能力，他却浑然不知；拜师学艺之后，他才得知自己还有这样的能力。这个人的无知丝毫不能影响他体内的这种潜能，因为这是一种客观存在，不以人的意志为转移。海德格尔认为，存在的意义也是如此，我不认识它，不等于它不存在。这说明，存在的意义是一个亟待探索的问题。

应该如何探索存在的意义呢？海德格尔首先以人为出发点。人与其他事物都是"存在者"，都包含着存在的意义。但是人能提出并回答存在的意义问题，其他存在者却不能。他把人称作"此在"（Dasein），其字面含义是存在在此。人是如何存在的？用现象学的方法来看，人首先是"在世界之中存在"（Being-in-the-world）。海德格尔用词之古怪，由此可见一斑。据他的学生回忆，海德格尔多次说过，英语不适合哲学思维。英语作家虽然也造复合词，却远没有海德格尔那样高产。他很满意这种构词法。他认为这种结构正好反映了人与世界的一种密不可分的联系。何谓"在世界之中存在"？海德格尔分析说，这个术语包含三个组成部分：在……之中，世界，"谁"在世界之中。理解了这三个部分，也就理解了人存在的意义。

我们先来看"在……之中"的含义。人们通常把"在……之中"理解为一个事物在另外一个事物之中，例如衣服在柜子中，桌子在教室中，篮球场在校园中，苹果在篮子中。海德格尔认为，这种意义上的"在……之中"是就两个事物的空间关系而言，因此这是一种外在的、可有可无的关系。换言之，衣服可以不在柜子中，桌子可以不在教室中，篮球场可以不在校园中，苹果可以不在篮子中。衣服、柜子、桌子、教室、篮球场、校园、苹果、篮子，是现成地摆在那里的一些事物，互不相干。在传统哲学中，人与世界都被看作现成地摆在那里的一些事物。海德格尔说，这种意义上的"在……之中"是肤浅的。我们根本不可能把"人"

与"世界"这两个东西"放在一起",因为"在世界之中存在"是人的主要特征,人总是带着他的世界,世界也总是人的世界,二者本来就是一个整体,从未分开过。因此,人与世界的关系不是外在的,而是内在的。人无须走出自身而进入一个外在于他的世界,因为他本来就在世界之中。这种意义上的"在……之中",立足于人的生存方式,迥然有别于传统哲学所理解的"在……之中"。具体地说,环保人士与世界的环境不可分割,和平人士与世界的和平不可分割,科学家与科学世界不可分割,歌唱家与艺术世界不可分割。传统哲学所谓主体与客体的对立,不是现实人生的真实写照,而是哲学家的抽象。海德格尔就是要克服这种抽象,让我们返归现实人生。

我国著名哲学家张世英称海德格尔所谓的"人在世界之中存在"为"人生在世"。笔者认为这种叫法十分贴切,既符合海德格尔的思想,又符合中国读者的阅读习惯。本书将采用这种说法,以方便读者理解。海德格尔的这一洞见很好地解决了近代哲学的一大难题:主体与客体是如何实现统一的?西方近代哲学着重研究认识论。其出发点是两个现成的存在者:主体与客体。它没有考察主体与客体的来源,却试图解释二者的统一。主体如何才能走出自身,实现与客体的统一?包括德国古典哲学在内的西方近代哲学,都没有解决这一问题。罗素讽刺黑格尔说，人类的历史终结于黑格尔的绝对精神，事实上，绝对精神终结了，人类的历史还在继续。

海德格尔是如何看待这个问题的？他的态度很明确，他说认识是人生在世的一种方式。人有多种存在方式，认识只是其中之一。近代哲学不是根据人生来看认识，而是根据认识来看人生。海德格尔的这一颠倒照亮了认识论的堂奥。他说认识的基础是人生在世。人生的开端与认识的开端是同步的。人生的历程就是他认识世界的历程。人不是忙于和物打交道，就是忙于和人打交道。海德格尔称前者为"烦忙"，后者为"烦神"。人的活动统称为"烦"。他认为他的理论能够很好地说明，近代哲学所谓主体走到自身之外与客体相结合的问题。他说我们早已融入世界，所以我们"不在自身之内"。换一个角度看，我们又"在自身之内"，因为我们创造了世界，世界也创造了我们。认识发生于人生在世的过程之中。因此从人生的角度看，认识主体既在自身之内，又在自身之外。

"在……之中"是"在世界之中存在"的第一个要素，其要义是，人总已融入世界，人与世界不可分。

"在世界之中存在"的第二个要素是"世界"。何谓"世界"？通常认为世界有如下几种含义：（1）宇宙万物。世界就是我们能够感觉到的万事万物。山川草木、花鸟鱼虫等，共同构成一个气象万千的世界。（2）特定领域。我们说数学家生活在数学世界，化学家生活在化学世界，文学家生活在文学世界，艺术家生活在艺术世界，哲学家生活在哲学世界。（3）生活世界。与朋友交谈时，我们常说这个人过得好，那个人过得不太好。意思是，这个人的处境好于那个人的处境。他们生活在两个不同的世界。（4）自然界。有时我们把"世界"理解为"自然界"。世界即自然界。这时，"世界"与"自然界"是两个集合名词。海德格尔说，这些理解都有缺点，它们都跳过了整体性的世界现象，只看到世界之内的某类存在者，它们都是一些现成存在的事物。在他看来，世界不是一个箩筐，里面装满了各种各样的现成事物，这些事物之间不存在任何联系；相反，世界是一个寓意深刻的整体，这些意义通过不同的方式，显现在我们面前。

从现象学的角度看，"世界"究竟是如何显现的？我们放眼世界时，首先看到的不是"大千世界""数学世界""生活世界"或"自然界"，而是某个具体事物。"物"是世界现象的起点。读者必须牢记：海德格尔的现象学分析总是以我们的实际生活为出发点。在日常生活中，我们首先遇到的，不是一个抽象的"世界"，而是世界之内的一个具体事物，例如一本书、一张纸、一把锤子、一件家具等。这些都是有用的东西。我们之所以注意到它们，是因为生活少不了它们。因此海德格尔说，"物"不是摆在那里的一种现成事物，而是一种"用具"。他指出，用具也是一个整体，一个用具的世界，而非一个现成事物。书房里的用具有书本、杂志、计算机、鼠标垫、字典、词典、台灯、书桌、电话、椅子、沙发、衣架、门窗、房屋、墙上的字画等。这些用具不是彼此孤立的，而是相互依存的，共同构成一个统一的整体——我的书房。在我备课、读书、写作、发电子邮件、上网浏览之际，它们的意义清楚地显现出来。世界是怎么来的？海德格尔回答，世界是随着人的到来而显现的，世界就展现在人的生活中。

物的意义是用具，用具的意义是"指引和标志"。何谓"指引和标志"？"指引"的意思是，"此物"能够指向"彼物"，能与彼物联系起来。例如汽车的方向灯，每到转弯处，司机就会打开它，告诉行人与其他车辆，他要开往何处。方向灯的作用是指示方向。方向灯是一种灯，一种用具，固然可以照明，但是其功能不是照明，而是指示方向。由此看来，"指引"的意义在于：它是一种"标志"。"标志"意味着两个东西——指引者与指引对象。汽车的方向灯把司机与其他（行人与其他车辆）联系在一起。注意：这些意义的出现，均以人的存在为前提——它们是对人显现出来的。人能领会它们。没有人，它们也存在，其意义却无法显现。

　　传统哲学不考察事物的起源，只把它当作现成存在的。海德格尔的现象学存在论旨在消除这种现成性，把事物当作人类生活的必要组成部分。人能揭示物的意义。物的标志功能说明，它与其他事物联系在一起，它们之间存在关联性。用海德格尔的例子说，农耕时节，南风是下雨的标志。雨水和南风的这种联系不是外在的连接，雨水不是南风的附属物。某中学是某大学的附属中学，这个大学可以没有这个附属中学，而雨水却不是南风可有可无的附属物。根据长期的耕作经验，农民知道，南风刮起时，雨水往往如约而至。南风连着春雨，这种关联是内在的，农民忙于农活之际，南风和春雨就出现在他的耕作世界。海德格尔认为，物的关联性也是一个整体。南风关联着春雨，春雨连着春苗，春苗连着庄稼，庄稼连着收获，收获连着丰收的喜悦，丰收的喜悦连着生活的信心与希望，信心与希望连接着农民对待生活的态度，等等。关联的整体性总是与人相关。人能理解这种关联的整体性。这就是海德格尔清理出来的"世界现象"。在这个世界中，人与人、人与万物都有关联性。我们飞不到世界之外，世界也不会抛弃我们。

　　"在世界之中存在"的第三个要素是"谁在世界之中存在?"传统哲学的回答是"主体"或"自我"。海德格尔批评这种不动脑筋的回答。他说无世界的"主体"或无他人的"自我"，并不真的存在。靠岸停泊的小船虽然不是我的，但是我知道，它是一种交通工具，已经把某人从此岸送到彼岸。这个人不是一个抽象的"主体"或"自我"，而是一个赶往彼岸办事的人。他要与他人打交道。他也许要会见一个重要客户，也许要回家给太太祝贺生日，也许要找一个安静的地方思考问题。

　　"他人"是谁？不是我以外的所有其他人，而是包括我在内的所有人。我们共同拥有一个世界。这个观点很重要。既然世界是共同的，我们就是彼此开放的。我中有你，你中有我。我对你承担着一定的责任，你对我也承担着一定的责任。海德格尔明确指出，此在（人）本质上是"共同存在"（Being-with）。即使我听不到也看不到远在他乡异国的朋友，他照样与我共同存在。因为我们共同存在于一个世界，他才能处于我的听觉或视觉之外。相反，如果我们不共同存在于一个世界，那么即使他近在眼前，我也不可能看见。所谓"海内存知己，天涯若比邻"，说的正是我们与他人的这种共同存在。根据这种观点，幽居独处也是共同存在的一种形态。唯因我们共同存在，你才可能抽身而去，寻个安静处。"安静"相对于我们的"共同存在"及其产生的"喧闹"。有喧闹，才有安静；没有喧闹，就没有安静。同理，有共同存在，才有幽居独处；没有共同存在，就没有幽居独处。

从日常生活来看，我们与他人的共同存在往往表现为一种"随大流"的倾向——别人怎么做，我也怎么做。我随大流，因为我是大流的一分子。从另一个角度看，大流也随我，我到哪里，它也到哪里。海德格尔的意思是，日常生活中的我们通常缺乏独立思考能力，很少思考自己的思想和行为。这种"不思考"的态度不是直截了当地表现出来，而是以一种"深思熟虑"的方式表现出来。别人怎么做，我也怎么做，谁能说我不动脑筋？深思熟虑的结果就是随大流。别人出国，我也出国。别人下海，我也下海。别人买房，我也买房。别人学跳舞，我也学跳舞。海德格尔说，别人成了我的"司令员"，他让我干啥，我就干啥。他夺去了我的存在。这个"他人"究竟是谁？他无名无姓，没有确定的身份，却主宰着每一个人的生活。从不显山露水的他，是所有人的实际统治者。"他人"这个名称正好掩盖了如下事实：我也是他人，每一个人都是他人。他不是这个人，不是那个人，不是人本身，也不是所有人。这是一个不伦不类的东西，海德格尔给他起了一个很通俗的名字"人们"。

"人们"还是个"温柔的独裁者"。"温柔"的意思是，他发出命令，但从不胁迫或使用武力。他的做法显得很"自由"、很"民主"。用海德格尔的例子来说，人们怎样享乐，我也怎样享乐；人们怎样阅读文学作品，我也怎样阅读文学作品；人们以什么为耻，我也以什么为耻；人们如何"与众不同"，我也如何"与众不同"。这种随大流的态度其实是一种"平均化"。"平均化"的意思是，大家都一样，谁也不比谁更强。材料学家和制砖工人一样，植物学家和普通农民一样，天文学家和算命先生一样，音乐家与街头艺人一样，哲学家与媒婆一样。平均化的思想压制一切与众不同的人与物。新的发现与发明立刻被它消解为众所周知的常识。海德格尔深刻地指出：一切经过奋斗得来的东西，都变成唾手可得的了。任何秘密都失去了它的力量。知识与无知一样，谁都不知道真理，谁也不比谁更强。这就是人们的"独裁"。我们当然可以反问他：既然谁都不知道真理，那么你这句话是不是真理呢？你怎么知道这就是真理呢？

"人们"不仅平均化一切，而且教唆一种不负责任的态度。我们应该对自己的所作所为负责，这是大家公认的一个行为准则。日常生活中的我们，往往做不到这一点。人们无所不在，却不在任何地方。在我们作出某个决定之际，我们往往要参考别人的想法和做法。根据海德格尔的论述，参考可以，但不能过头；不能依靠别人，让别人为我们做决定。很多人把握不住这个尺度，往往听信他人，不自己做主。一旦错了，我们可以安慰自己说，责任不在我们，而在那个无名无姓的"人们"。我们不对自己的生活负责，他却对我们的生活负责，岂不怪哉！他是谁？他在哪？海德格尔说，人们在某个地方逗留片刻，便匆匆溜走。他既在任何地方，又不在任何地方；既为我们负责，又不负任何责任。因为他是不确定的，既是我们中的每一个，又不是任何确定的个人。他"谁都不是"。这就是我们日常生活的领导者，就是"谁在世界之中存在"的那个谁。

　　海德格尔把人的生活分为两个层面：非本真的生活与本真的生活。二者是一个不可分割的整体。"非本真的生活"不是说某种生活是虚假的或错误的，而是说这种生活尚未经过我们反思，我们还不知道其本来面目。它并不比本真的生活"更高贵"或"更真实"，它仅仅是一种未经反思的人生。"本真的生活"是经过我们反思的生活，由此我们得知，生活的本来面目有别于我们的直接经验。

人生在世的进一步规定：怕，理解与解释

　　如何来描述在世界之中存在的这个名为"谁都不是"的人呢？听其言，观其行，看看现实生活中的这个"谁都不是"究竟是如何生存的。从表面上看，人总是有情绪的。这

是所有人的共同特征。心平气和、心烦意乱、心怀不满、心惊胆战、心慌意乱、心怀叵测、心灰意冷、心照不宣、心花怒放、心旷神怡、心心相印、心悦诚服，都是人的情绪。海德格尔认为，人首先是一个有感情的存在者，喜怒哀乐时时伴随着我们。在日常生活中，我们可以不理性，可以做一些在旁人看来是不可思议的事情，却不可能没有情感或情绪。情绪与我们是合二为一的。不是我们带着情绪，或者情绪跟着我们，而是我们生活于情绪之中。我们就是情绪，情绪就是我们。如果你对别人不好，伤害了他的情感，他就会与你反目为仇。好的情绪往往与积极的人相伴，坏的情绪往往与消极的人相伴。

从人类生活的表面来看，这是正确的。人不是孤零零的"主体"或"自我"，而是融身于世界的个体。他时刻感受着人生的冷暖，世态的炎凉。有时我们会听到这样的怨言：没情绪干活，没情绪游玩，没情绪读书，等等。海德格尔说，这样的"没情绪"其实是指"情绪低落""心情沮丧"或"兴致不高"，而不是说"情绪"不复存在了，他真的成了"没情绪"的人。恰恰是在我们心灰意冷之际，我们才意识到，生活是一种负担，情绪是我们无法摆脱的一种生存方式。

人生在世，必然伴有某种情绪。哪一种情绪最具普遍性呢？海德格尔认为，"怕"这种情绪人皆有之。我们怕偷，所以都安上防盗门，窗户上都安上防盗护栏。至于小偷什么时候来，哪个小偷来，从哪里来，怎么进来，我们不得而知。但是我们知道，他有可能来。因为盗窃案件时有发生，我们必须引以为戒，防患于未然。人生在世意味着我们必须与他人和他物共同存在。安装防盗门不仅是为了保护某四堵墙内的那个空间以及里面的财物，更重要的是为了保护生活在那里面的人。人的安全和幸福才是防范的目的。生活的第一步不是进行科学探索或哲学研究，而是忙于生计。温饱满足了，我们才能考虑其他事情。因此海德格尔说，在日常生活中，人就是他的生计，生计即人。如果生计难以维持，我们与他人或他物的共同存在也将难以为继。一切操劳都是为了安宁与幸福。我们"怕"什么？我们"怕"我们与他人的"共同存在"，"担心"它遭到破坏。我们"生怕"我们的"共同世界"被偷、被抢、被骗、被伤害。

"怕"不单是一种情绪，而且是一种认识，它试图理解那个可怕的东西。情绪与认识、情感与理智是统一体。海德格尔的这个思想合理地解释了近代哲学中情感与理智的对立和冲突。"情感"即"意志"或"意愿"；我们想做什么，不想做什么，取决于我们的情感。趋乐避苦是人的本性。按照道德规律办事，是我们的另外一种本性。情感是行为的直接推动力。"理智"即"理性"，它是我们认识真理的一种能力。它能把感性经验整理成为科学知识。通常我们认为，情感与理智的区别在于，前者不是真理，后者是真理。按照康德的解释，道德意识中的意志自由、灵魂不朽、上帝存在三个重要观念，超越了我们的感性经验。没有感性经验，就不可能有知识。可是在人的生活中，这些观念又是不可缺少的。因此康德认为，它们具有"规范"作用，能够指导我们的行为。情感与理智的冲突在于，道德观念没有真理性，我们却相信它们，情感使然；科学知识是真理，我们却不一定相信它们。理智告诉我们，锻炼身体好处多多；情感却说，你们还年轻，不用锻炼。最终还是情感占了上风，锻炼身体的事情被推到遥远的将来。康德割裂了理智与情感的关系，因为他从认识论出发，把二者看作两种完全不同的能力。

海德格尔的出发点不是认识论，而是现象学存在论，是人的实际生活。从现象学的角度看，情感与理智是人的两种能力，其一包含其他，二者不可分割。理智也有情感，情感也包含着理智。再回到"怕"这种情绪中来。海德格尔认为，"怕"包含两方面的内容：害怕的感觉与理解的意愿。我们怕偷。怕的情绪袭来，我们既感到害怕，又想"弄明白"究竟是什么东西让我们害怕。这就是"情绪"之中的"理解"。我们不是光有情绪，而没有理解。相反，"情绪"

与"理解"相伴而行。简言之，人的理解活动不是孤立的，不是与其他的思想感情毫不相干的。从实际生活来看，我们总是带着某种情绪来理解事物。同样的老师，同样的教法，同样的地点和时间，学生们的进步却很不相同。有的进步很快，有的进步不太明显，有的毫无进步。为什么？因为前一组具有很强的求知欲，用心听讲，理解透彻；中间那一组的求知欲不太强烈，听课不够认真，理解欠透彻；后一组同学只是敷衍了事，不求上进，压根儿没听老师讲课。情绪不同，理解不同，结果自然不同。有听课的热情，就有理解的积极性和创造性，否则就不会有真正的理解。

海德格尔深刻地指出，人是一种可能的存在。何谓"可能的存在"？传统哲学把世界万物当作"现成的"存在者，从不过问其来龙去脉；现成的存在者只有现实性，没有可能性。比如一个人或一把锤子，如果不考虑他们的环境和用途，把他们看作没有世界的孤零零的个体，他们就是一些现成地摆在那里的事物。他们从何而来？为何而来？意欲何往？我们不得而知。与此相反，海德格尔认为，我们不是一种现成存在的事物，可以任人摆布，而是具有丰富思想感情的存在者，我们和我们的世界是一个完整的统一体。我们不仅有情感（**情绪**），而且有思想（**理智**）。情感是我们的表层，思想是我们的深层。情感是思想的外在表现，思想是情感的内在根源。外在即内在，内外不可分割。由此看来，人不仅是一种现实性，而且是一种可能性。对人来说，可能性比现实性更重要，因为我们无时不在考虑自己的未来。未来是一种现实的可能性。我可以做一名大学教师，也可以当记者，也可以当编辑，也可以到外企做一名职员，也可以到国家机关当公务员，也可以到农村去做村干部。这些"可以"都是一些可能性，是我对生活的理解，而且是一些"现实的"可能性——我一旦拿定主意，某种可能性就会转化为现实性。所谓"可能性高于现实性"，就是这个意思。

海德格尔认为，人每时每刻都在思考自己的生活——这条路适合我，那条路不适合我。这就是人的理解活动。理解的对象首先是生活，其次才是科学、艺术、文化、教育等。在理解活动中，我清楚地"知道"，我能做什么，不能做什么。我能"做"什么，我就"是"什么。我能教大学生，我就是一名大学教师；我能唱歌，我就是一名歌手；我能护理病人，我就是一名护士；我能开飞机，我就是一名飞行员。我们理解什么？我们理解生活的各种可能性。更重要的是，我们就生活在这些可能性之中。传统哲学认为，人的认识能力可以分为感性直观和理性思维两个层面。胡塞尔认为，我们可以直观事物的本质。海德格尔则认为，感性和理性皆以人的理解活动为基础。理解是根源，感性、理性或本质性直观是支流。海德格尔与胡塞尔的思想分歧，由此可见一斑。

理解是人生在世的重要活动。生命不息，理解不止。它"展示"了生活的各种可能性。海德格尔称这种展示活动为"解释"。他认为，理解即解释；理解一个事物，就是解释该事物。理解3G手机，就是把这种新式手机"解释"给不懂的人。在我们的日常生活中，"解释"是很平常的一种活动。别人误解了我们，或我们误解了别人，被误解者或误解者通常要进行"解释"。学生上课迟到了，老师要他"解释"。给陌生人指路，你需要"解释"清楚，朝哪个方向走，在哪里拐弯。黑格尔有句名言：熟知并非真知。多数读者不是哲学家，哪些活动具有哲学意义，哪些没有，不是他们的问题，而是哲学家的问题。海德格尔发现，解释活动具有重要的哲学意义。在解释活动中，我们既不是把某种"意义"强行塞给某个孤零零的现成地摆在我们眼前的事物，又不是把某种价签贴在该物之上，而是该物出现在我们的生活世界，与其他事物联系在一起。这种关系显现于我们的理解活动，展示于我们的解释活动。这种意义理论很重要，它认为，事物的意义是客观的，而非主观的；意义是事物本身的显现。根据这种理论，知识的重要性不在于我们认为它很重要，而在于它本身很重要。航天知识本身很重要，无论我们如何看待这种知识。

我们是如何解释事物的？海德格尔说，解释活动的主要特征是，让某物"作为"（as）某物而存在。解释就是把某物"当作"某物来看。我的起居室和工作室是同一个房间。我把这个东西"当作"床，那个东西"当作"写字台，另外一个东西"当作"沙发，把窗外的那个铁箱子"当作"空调室外机，把几栋楼之外的那块地方"当作"健身场，把健身场东面的那条沟"当作"一条河，把河上面的那段马路"当作"桥，如此等等。在我生活的这个世界里，任何事物都是一个关系的统一体。此物联系着彼物，彼物联系着其他事物。有些事物在我的视野之内，有些事物不在我的视野之内。

　　事物的这种相互联系决定了我们的解释方式：解释的基础是我们"先行具有"的某种知识。"先行具有"的意思是，解释某物之前，我们已对该物有所认识。简言之，我们总是根据已知物来"解释"未知物，让新知识与旧知识连成一体。我知道电话是什么，却不知道可视电话是什么。店员解释说，可视电话就是在电话上加一个屏幕，打电话的人既能听到对方的声音，又能看到对方。解释奠基于我"先行具有"的某种知识——老式电话。这说明，"先行具有"其实是"先行见到"——虽然我不知道什么是可视电话，但是我知道什么是电话；老式电话让我"先行见到"新式电话。当然，老式电话只是让我瞥见新式电话，却没有让我看得清清楚楚。店员的解释使我根据旧电话而认识了新电话。用海德格尔的术语说，在我"先行具有"并"先行见到"可视电话之际，我已经理解了这个新生事物。我能听明白店员的解释，是因为我"先行把握"了该事物。"先行把握"的意思是，我总是根据我已经掌握的某种事物（如老式电话），来理解眼前的新生事物。

任何解释必然以某种假设和观点为基础。完全客观的、完全公正的、不带任何成见的理论和观点，并不真的存在。海德格尔认为，解释就是解释者对某物的"先行具有""先行见到"和"先行把握"。不偏不倚的客观公正，只是相对于解释者的某种假设和观点而言。如果我认为，公交车上的年轻人应该给老弱病残让座，我就会觉得，那位女士做得不对，因为她年纪轻轻，却不把座位让给她旁边的一位老太太。我的这种看法也许是客观公正的，但不是不偏不倚的，因为它依赖于我认为是不证自明的那个道德准则。实际上，我的这个道德准则并非不证自明。对我来说，它是不证自明的，因为我生活在一个车少人多的国家；对其他国家的人民来说，它可能没有道德意义。因为在这些国家，公交车辆通常不会很拥挤；而在另外一些国家，公交车辆寥寥无几，很少人使用它，与此相关的道德问题自然不会引起人们的关注。这说明，我所谓"不证自明"的道德真理，其实是相对的，只适用于某个时间与空间。海德格尔的这个思想具有重要意义。他告诉我们，从哲学上看，任何价值观念和历史理论都是相对的，而非绝对的。谁也跳不出历史，所以谁也摆脱不了历史的局限。真理都是一定历史条件下的真理。摆脱了历史，就无所谓真理。海德格尔的学生、解释学之父伽德默尔在《真理与方法》中说，海德格尔的解释理论旨在描述解释活动本身，而非指导我们的解释活动。我们知道，发现真理是实践真理的前提。有了真理，我们自然会依照真理而生活。

畏是情绪的深层结构：闲谈，好奇，两可，沉沦与被抛

海德格尔的这些术语很特别，与传统哲学形成鲜明对照。这是其创新，也是其思想的重点与难点。不理解它们，我们就无法理解海德格尔的思想。要理解这些看似怪异的术语，我们必须牢记，海德格尔的目的是通过描述人的存在方式而探索存在的意义。因为人是一种特殊的存在者，他既能提出存在的意义问题，又能回答这一问题。描述人生就是描述存在的意义。存在的意义决定着人生的意义，而不是相反。具体来说，我认为这种生活有意义，我才这样生活。对

生活的理解在先，现实生活在后。理解生活就是理解存在。这种生活方式比那种生活方式更有意义，所以我选择这种生活方式。这就是我所理解的存在的意义。有理解活动，就有存在的意义。要理解水的属性，水就必须存在，其意义必须显现。反过来说，存在的意义不显现，就不可能有理解活动。理解与存在的意义是一体的。

在世界之中存在的人不仅有情绪，而且有理解力，他能解释自己的世界。解释离不开语言。什么是语言？海德格尔认为，语言首先不是语言学家所谓的语法学或词汇学、语音学或语义学、普通语言学或应用语言学、共时语言学或历时语言学、比较语言学或类型语言学。他认为，这种研究把语言当作摆在我们面前的一种现成事物，因此它被拆成不同的碎片。在海德格尔看来，整体大于部分之和。碎片合在一起，构不成原先的整体。一个花瓶打碎了，我们请专家来复原。无论复原水平多么高，新的花瓶毕竟不是原物。海德格尔认为，语言是人生的一种方式，是人类生活的组成部分。我们应该从人生的角度，把语言看作一个有机的整体，因为人生不是一些碎片的组合，而是一个有机的整体。用他的术语说，我们应该站在"存在论—生存论"的角度，把语言当作一个整体来考察。

我们应该如何描述生活当中的语言现象呢？海德格尔

说，语言首先表现为"说话"。赞许、呵斥、请求、警告、祝福、质问、倾诉、控告，都是我们说话的方式。"说话"不是孤立的行为，它意味着有人在"听"。别人可能听懂了，也可能没有听懂。"听懂"或"没有听懂"都是他"理解"的结果。这印证了我们已经讨论过的一个重要论点：人总是向别人开放的；他不是单独存在的，而是与别人共同存在。用海德格尔的话说，每个此在都随身带着一些朋友。这句话的意思是，我们与别人的共同存在不是我们可有可无的一种属性，而是我们的本质属性。人都具有这种属性。如果玛丽不喜欢约翰，她可以和他一刀两断。玛丽与世界的关系就不是这样——她与她的世界是永不分离的好朋友。她到哪里，她的世界就跟到哪里。她说话时，别人在听；别人说话时，她也在听。她与别人的"共同存在"，就是在这种"互相听"的过程中形成的。她可以"听"别人的话，也可以"不听"——她可以"讨厌""拒绝"或"反对"别人。但是只有在"听"了以后，她才能"讨厌""拒绝"或"反对"。因此海德格尔说，我们首先听到的不是音质、音素、音频、音节、音波、音调，而是风声、雨声、读书声，是北风的呼啸声、马达的轰鸣声、电钻的尖叫声、动听的歌声、欢乐的笑声或凄惨的哭声。

　　"说"意味着"听"。我们通常是如何"说话"的？

"说"什么？如上所述，人生在世，"随大流"是我们的明显特征。它同样表现在我们的说话活动中。别人怎么说，我也怎么说。名言警句必定是真实的、合理的。别人都说，知识就是力量，我便不假思索地认为，这是对的。我很少思考，什么知识具有什么力量。好人掌握了知识，是社会上的一种好力量；坏人掌握了知识，是社会上的一种坏力量。科学知识可以造福人类，也可以危害人类。关键在于我们如何理解它、使用它。我们必须开动脑筋，认真思考，不能随大流。但是海德格尔认为，"随大流"是我们的本质属性之一，因为我们摆脱不了我们的世界。要生活，就得和大家打成一片。孤家寡人是不幸的。我和大家打成一片的同时，我就开始"人云亦云、鹦鹉学舌"了。海德格尔称这种说话方式为"闲谈"。我们在说话、办事或写文章时，很难脱俗，原因即在此。作为人的一种生存方式，闲谈的主要特征是"不求甚解"。任何事物都可能成为我与别人闲谈的话题。"我"并不专注于任何事物，却"无所不知"。因为"我"与"人们"无异。"人们"知道的事情，"我"也知道。说起话来，我们都振振有词。我们清楚地"知道"，应该"看"什么，怎么"看"。

"闲谈"的兴致源于"好奇"。人生在世，谁不想多看看这个五彩缤纷的世界？海德格尔认为，我们"看"得太多，"想"得太少。我们只看周围的事物，却很少看我们自己。我们是如何"看"世界的？我们只是"看"，仅此而已。我们喜新厌旧，忙碌地穿梭于众多新奇事物之间。我们不是在理解事物，把握其真理，而是在放纵自我。海德格尔称这种生活方式为"好奇"。《老子》云："五色令人目盲；五音令人耳聋；五味令人口爽；驰骋畋猎，令人心发狂；难得之货，令人行妨。是以圣人为腹不为目，故去彼取此。""五色""五音""五味""驰骋畋猎"与"难得之货"，让我们感到好奇。看了这个地方，还想看那个地方；听了这种音乐，还想听那种音乐；吃了这种美味，还想吃那种美味；打了这种野兽，还想打那种野兽；有了这种宝贝，还想有那种宝贝。人的欲望是没有止境的。圣人具有独立思考能力，所以他们知道人应该如何生活。他们不"好奇"。《论语》也有类似的思想。子曰："学而不思则罔，思而不学则殆。"一味地猎奇，从这本书跳到那本书，从这个观点跳到那个观点，不批评，不思考，我们最多只能成为一个满腹经纶的书虫，沦为"好奇"的奴隶。与"闲谈"一样，"好奇"无处不在，却不停留在任何地方。海德格尔指出，这种存在方式说明，我们的存在是没有根基的。

我们不要以为，这是海德格尔的牢骚话。这不是牢骚，而是人生哲学，是他对人的生存状态的分析和描述。用他的现象学方法来看，我们就能发现，日常生活中的人时而"闲谈"，时而感到"好奇"，时而表现出"模棱两可"的态度。只有从人生的角度看，我们才能理解《存在与时间》中那些前所未有的概念。这些概念是哲学家反思的结果，不是摆在日常生活当中的现成事物，谁都可以通达。它们描述了我们的"生存状态"，而非"存在状态"。"存在状态"是生活的源泉，"生存状态"是支流。打个比方，川剧有一种塑造人物、表达思想感情的特技，名曰"变脸"。"存在状态"好比演员的"真脸"，"生存状态"好比他的"变脸"。一方面，变脸不是真脸；另一方面，变脸离不开真脸。生存状态与存在状态的关系也是如此。前者部分地反映了后者。

海德格尔认为，语言首先不是音素或音调，而是说话。说话表现为闲谈。闲谈表现为好奇。仔细观察，我们能够发现，"好奇"是一种"模棱两可"的态度。人的能力是有限的。我们只能对某个领域或某些领域的某些话题感兴趣，而不可能对一切领域的一切话题感兴趣。"人们"对一切事物感兴趣，因为它不是一个确定的个体，而是一个没有确定性的群体。忙于生活的我们很少进行独立思考，因此我们无法识别，什么是真理，什么是错误，什么是创新，什么是守旧。创新到来之际，早已变得陈旧。"模棱两可"就是"认可""人们"的绝对权威。别人做什么，我也做什么。我与别人的共同存在，不是一种无足轻重的相互并列，而是一种紧张的、模棱两可的相互窥视。我想弄清你的意图，你也想弄清我的意图。我们表面上相互认可，实际上互不信任，高度戒备。闲谈、好奇、两可，是我们非常熟悉的一些生活形态，海德格尔称这种生存状态为"此在的沉沦"。

"沉沦"不是一种消极的人生观，而是人生在世的一种普遍形态。用哲学术语说，这是存在论（**本体论**）的一个概念，而非一个道德观念。随大流是我们的共同特征。从现实人生来看，我们总是首先听"人们"的，而不是首先听自己的。这说明，我们早已从"本真的自我存在"脱落而沉沦于一个世界。"本真的自我存在"即上文所谓的"存在状态"，它比"生存状态"更深刻、更原始。通俗地说，"本真的自我"就是我的本来面目，就是那张"真脸"，而非"变脸"。只有理解了"真脸"，我们才能真正理解"变脸"的意义。

与"本真状态"相对的，是"非本真状态"。海德格尔强调说，"非本真"不等于"不存在"；毋宁说"非本真状态"是一种特殊的存在方式——我们不是"作为我们"而存在，而是"作为人们"而存在。我们只顾看周围的人和事，却顾不上看自己。

沉沦于世界的我们，具有三个显著特征：首先，在世界之中存在本身就很诱人。闲谈、好奇、两可培育出一种自以为是的倾向。我们错误地认为，"生存状态"就是"存在状态"，"非本真状态"就是"本真状态"。每个人都感觉良好。每个人都过得很充实。这种自以为是的心态，具有"安定情绪"的作用。我们觉得，一切都在最好的安排中。因此海德格尔认为，"稳定情绪"是沉沦于世的第二个特征。我们一如既往地忙碌着，满怀信心，意志坚定，全然不知：我们所要理解的，究竟是什么！我们与别人比水平，比房子，比待遇，比业绩，比名气，比地位。我们常常用"比上不足，比下有余"来安慰自己。从这个角度来看，我们不再是我们，而成为"人们"。海德格尔称这种现象为"异化"。这是沉沦的第三个特征。概括起来说，"沉沦"的意思是：生活是有魅力的，它让我们安心于生活中的那些琐事，于是我们异化了，成为无名无姓的"人们"。

我们总是沉沦于世界。这说明，只要我们存在，我们就总是处于被抛状态。"被抛"的意思是，我们决定不了我们的存在，我们是被抛进这个世界的；我们被抛进一种非本真的生存状态中。在哪里出生，在哪里成长，谁是我们的父母，谁是我们的老师，谁是我们的朋友，诸如此类的事情，都不是我们可以选择的。无论我们是否愿意，我们总已被抛入某个世界；我们必须负担自己的生存。我们沉沦于世的目的只有一个：在世界之中存在。

与闲谈、好奇、两可、沉沦与被抛这些生活形态相伴的，是一种特殊的情绪，海德格尔称之为"畏"。在日常生活中，我们不愿面对自己的存在。确切地说，我们不敢直面人生。为什么？海德格尔说，我们心存畏惧。"畏"与"怕"不同。"怕"的对象是具体的，有一定的时间和空间，对我有害；它可能出现，也可能不出现。举例来说，我们都怕癌症。这是一种致命的疾病，已经夺去很多人的生命。我们不知道它会降临到谁的头上，但是我们知道，事必有因，所以我们投入大量的时间和金钱来研究它，以发现有效的治疗方法。事实上，我们已经掌握了这种疾病的一些规律，找到了一些预防或治疗的办法。凭借这些知识，我们能够躲开这种可怕的疾病。"畏"与"怕"不同。海德格尔认为，前者是后者的根源；我们感到害怕，是因为我们感觉到一种比怕更原始、更可怕的东西，这种东西就是"在世界之中存在"。怕的对象是具体的，畏的对象不是具体的；怕的对象是可以躲避的，畏的对象是无法躲避的；怕的对象对我们有害，畏的对象对我们没有什么害处。我们能够躲开癌症或狂犬病，却躲不开"在世界之中存在"，因为后者是所有人的本质规定。即便跑到天涯海角，我们还是"在世界之中"。

为什么说"畏"比"怕"更原始、更深刻、更可怕呢？因为在"畏"这种情绪中，我们担心的不是某个具体事物，而是我们在世界之中的存在。原先那个花红柳绿、人声鼎沸的"世界"不见了，取而代之的是"我的世界"——我在世界之中的存在。"畏"的情绪把我的注意力从日常"生活"中的具体事物（功名利禄），转移到"生活"本身——人生的意义是什么？存在的意义是什么？旧的世界不见了，新的世界诞生了。多么可怕而深刻的一次思想变革！海德格尔指出，"畏"搞个别化。"畏"的情绪让我们从沉沦状态返归自身。日常世界退却之际，我的存在凸显出来。"人们"消失了，我必须面对自己的存在，承担自己的存在。这是我的责任，不可推卸。由此可见，"畏"给了我"自由存在"的权利。我不用听从"人们"的号令了。自由存在就是我的本真状态。

不少读者抱怨说，海德格尔的著作晦涩难懂。确实如此。在"畏"的分析中，我们看不到具体例证，有的只是一个又一个的新名词，一段又一段的抽象思辨。海德格尔认为，"畏"是情绪的深层结构。在"畏"中，人觉得"茫然失其所在"。原来那个熟悉的世界不复存在了。人成了"无家可归者"。"人们"以日常世界为家，海德格尔说，那不是我们真正的家园。"畏"把我们领回家。在我们自己的家园，我们敬畏生命，敬畏我们在世界之中的存在。唯因如此，我们才能敬畏。"怕"是沉沦于世的、非本真的、尚未认清自己的"畏"。"怕"是生存论的规定,"畏"是存在论的规定。在"畏"的情绪中,我们发现一个不同于日常世界的新世界。

人的存在是"烦":烦忙与烦神

海德格尔哲学具有厚重的历史感。以史为鉴,史论结合,是海德格尔思想的重要特征。德国著名学者、海德格尔的学生沃特·比梅尔在回忆老师当年讲课的情景时说,每次上课,海德格尔都要作充分的准备。上课时,他经常在黑板上用希腊文或拉丁文引述古人的一些重要概念或段落。从《存在与时间》看,这一特征是显而易见的。海德格尔思想的一大特征是强调整体性——人是一个整体,当然,其他事物也是一个整体。因为世界万物是相互联系的,每一事物都是一个关系的整体,我与你有联系,你与他有联系,他与其他人有联系;每一个人又都是一个完整的世界,不容分割。

为了探索人的整体性存在,海德格尔提出一个非常重要的概念:烦。"烦"在汉语中贬义多于褒义。我们说心烦意乱、烦躁不安、自寻烦恼、心情烦闷。读者一定要注意,《存在与时间》中的"烦"是一个中性词,一个哲学术语,没有道德评价的意义,也没有任何贬义。海德格尔用它来描述我们的一种生存方式：人生在世，总要做事。沉思默想也是一种活动，而且是一种高级活动。百无聊赖是一种情绪，也是心灵的一种活动——我们不知道应该干什么，不清楚什么重要，什么不重要。我们很难想象，一个人真的会什么也不做。有人说，他心里空荡荡的。这句话的意思是，他觉得生活中少了某种非常重要的东西，他感到忐忑不安。促使他内心产生波动，从这个角度来说就是一种活动。海德格尔所谓的"烦"，就是指人的活动。简言之，人总要忙这忙那，忙个不停。"烦"的意思就是"忙碌"。在汉语中，"烦"与"繁"相通，二者都有"繁忙"的意思。我们可以把《存在与时间》汉译本中的"烦"，理解为"繁忙"或"忙碌"。

"烦"是人的重要特征。海德格尔说，这个思想由来已久。他用拉丁文引述了古罗马神话中的一个故事，他的研究者又多次引述这个故事。有一天，女神"烦"正要渡河，看见旁边有些胶泥，她似乎想到了什么，便拿了一块胶泥，开始捏泥人儿。捏好之后，她打量着自己的作品。这时，主神朱庇特走了过来。"烦"请他把灵魂赐予这个泥人儿，他欣然从命。"烦"想用自己的名字来称呼这个泥人儿，却被朱庇特制止了，说要用他的名字来称呼这个东西。两个天神争执不下。这时，大地女神特勒斯又冒了出来。她说应该用她的名字称呼这个泥人儿，因为它是泥做的，她是它的身体。

他们争论不休，只好请农神萨杜恩来主持公道。农神的评判看来比较公正。他说既然朱庇特把灵魂给了泥人儿，那么泥人儿死了以后，他可以拥有它的灵魂；泥人儿的身体是大地女神给的，所以她可以拥有它的身体；女神"烦"最先造出了这个泥人儿，所以只要它活着，"烦"就是它的主人。至于大家争论不休的名字问题，农神说，就叫它"人"吧，因为它是用"泥"捏成的。

这个神话故事告诉我们，"烦"是人的源泉，只要我们活着，我们就离不开这个源泉。根据这种理解，海德格尔把"烦"解释为两种形式：烦忙与烦神。"烦忙"的意思是"繁忙"，因为"烦"与"繁"相通，所以汉语版《存在与时间》采用了前者，而没有采用后者。"烦忙"与"烦"的另一种形式——烦神——相对应。"烦忙"的对象是事件、事情、事物等。"烦神"的对象是人。通俗地说，工人、农民、学者、商人、军人等各行各业的人们，各忙于自己的工作，这就是海德格尔所谓的"烦忙"。与别人打交道时，我们常常觉得"费心"或"费神"，这就是海德格尔所谓的"烦神"。

海德格尔为什么说，"烦"是人的本质呢？这是他的主观臆断吗？当然不是。现象学的口号是"面对事情本身"。面对"人生在世"这个现象，海德格尔发现，"烦"是人的生存、被抛与沉沦的基础，此三者统一于"烦"。海德格尔解释说，人的所有活动皆以生存为目的。每个人都有自己的生活目标。理解是行动的根源。如何理解生活，就如何生活。我认为大学教师是一份好职业，我就会朝这个目标努力；如果我比较走运，我就能成为一名大学教师。你认为营销工作是一份好职业，你就会朝这个目标努力；如果你比较走运，你就能成为一名优秀的经销商。所以海德格尔说，人总是生活在他自己选择的某种可能性之中。这是一种真实的可能性，而不是一种无关紧要的可能性。面对两种或多种选择，我也许只能选择其一。拿定主意当老师，我就不可能同时去做经销商，反之亦然。如何生活，完全由我自己决定。我的存在是自由的。

　　我的这种自由存在说明，我不是一成不变的物，而是活生生的人。我的存在总是"走在我前面"——我现在还不是教授，我要朝这个目标努力，因此我总是努力地"超越自我"，以至今日之我胜于昨日之我，明日之我复胜于今日之我。我总是"走在我的前面"。走到"旧我"之外的那个"新我"，仍然是我，我只是进入自己的一种存在方式。这就是我的生存方式。海德格尔称人的这种存在方式为"此在之先行于自身的存在"。"先行"即"超越自我"，"走在自己前面"。一句话，人的生存不是静止不变的，而是先行于自身的一种可能性。这是生存之"烦"。

人的自我超越总是发生于人的世界。人不可能跳出他的世界。他总已被"抛入一个世界"。我们的存在是自由的，却不是完全自由的。我们不能选择自己的出生地点和出生时间，也不能选择我们的生存环境，因为我们尚未长大成人，不能自立，也不能独立思考。即便长大了，很多人还是没有独立思考能力。这与其教育背景和生活习惯有关。有人喜欢学习和思考，有人则喜欢轻松愉快的话题，不愿苦思冥想。不管哪种人，他们都有自己的世界。无论他们喜欢与否，都必须接受各自的世界。他们是被抛进这个世界的。对他们来说，生存是一种负担。用海德格尔的话说，"生存"意味着"被抛"，因为"人先行于自身"的意思是，"已经在世界之中存在的人"，"先行于自身"。简言之，我们不仅"先行"于自身，而且"被抛"入一个世界。这是"被抛"之"烦"。

"烦"的最后一种表现方式是"沉沦"于一个世界。人生在世，我们不仅先行于自身，"被抛"进一个世界，而且"沉沦"于我们的世界——与某人或某物打交道之际，我们把注意力全部集中到它们身上。我们首先想到的是，某物对我有何用处？某人对我有何影响？转基因食品会不会影响我的健康？电视上的那个专家可信吗？在日常生活中，我们最关心的就是"我的小世界"——与我直接相关的那些人和物。然后由小到大，我们让这个小世界发展成为大宇宙。每一个人都是一个小世界。这是一个五彩斑斓的生活世界。我们对待生活的态度，我们感受到的酸甜苦辣，都是具体的、实在的，而不是抽象的、空洞的。我甜蜜的生活指的是"我的生活"很甜蜜。他平淡的生活指的是"他的生活"很平淡。痛苦的生活指的是那位车祸受害者生活在痛苦之中。海德格尔所谓"个体化"，就是这个意思。

传统哲学没有注意个体化问题。古希腊哲学、中世纪的经院哲学或现代哲学，都没有考察具体的人。传统哲学通常把人当作一个抽象的整体，人即人类。有的哲学家认为，人的本性是善的；有的哲学家认为，人的本性是恶的；还有的哲学家认为，人的本性无所谓善恶，道德品质是后天教育的结果。这些讨论的对象不是具体的历史的人，而是普遍的抽象的人；不是这个人或那个人，不是约翰或玛丽，而是所有的人，是海德格尔所描述的"人们"。我们真的是"人们"，而不是"个体"吗？海德格尔的回答当然是否定的。他说，我们总是根据我们周围的那些人和事，来理解我们的"存在"，来"建立"我们的世界的。世界不是一个无限大的空箱子，可以容纳任何东西。恰恰相反，与人一样，世界也是具体的、历史的，是你的世界、我的世界、她的世界，是我们的生活世界。二战老兵的世界一定不同于网虫的世界，科学家的世界一定不同于艺术家的世界。五彩缤纷的世界具有个体性和历史性，是我们每一个人感受到的那个世界。感受不同，我们建立的世界自然不同。"人生在世"的世界，指的就是我们建立起来的这个内容丰富的世界。在这个世界上生活，我们首先考虑的，必然是与我们的生存（我们的存在）息息相关的那些人和事。要保持现在的收入水平，否则我会过得不好；要努力改善自己的业绩，否则我会丢掉这份工作；要早些买房，否则我要支付更多的房租。这就是我们的生活世界。

这个"生活世界"与传统哲学的"世界"截然不同。17世纪法国哲学家笛卡儿说，世界由物质组成，物质的主要属性是广延性，即事物必然具有长宽高，必然占有一定的空间。哪一个世界更真实、更接近我们的生活呢？答案是不言而喻的。一个求职者最关心的是他的生活，他必须为自己的生计而奔波。生活稳定之后，他才可能考虑"物质世界"的问题。"物质世界"也是一个重要问题，然而它的紧迫性远不及"生存问题"。海德格尔说，"生存"既有"被抛"的意思，又有"沉沦"的意思。换言之，"生存"意味着我们要谋划自己的未来。如何谋划？根据现在的生存状态来谋划。现在的生存状态是什么？是"被抛"，我们是被抛到生活中来的。在被抛状态中，我们如何生存、如何"沉沦"于我们的世界？

　　海德格尔强调"生存""被抛"与"沉沦"三者的内在联系。它们是三位一体的，其一包含其他。海德格尔的本体论与传统本体论的重要区别在于，前者清楚地区分了"存在"与"存在者"，后者没有作这种区分。海德格尔认为，我们决不能在"存在者"当中寻找"存在"，决不能把"物质"或"心灵"当成"存在"，因为"存在"不是万物当中的某种一成不变的事物，而是"事物本身"。事物本身是一个整体，我们不能人为地割裂它。我的笔记本电脑是一个整体，虽然它由不同部件组成，但是这些部件共同构成一个整体——我的电脑。拆开了，这些部件就不再是"电脑"了，而是真正的"部件"。我的电脑就"存在"于这些部件的统一体之中。这是一个有机的整体。这个整体存在，我的电脑就存在；这个整体消失了，我的电脑也随之消失。事物尚且如此，何况人乎？理性、情感、意志、物质、信仰等，不是人的整体，而是人的一个方面或一种存在方式。我们不仅"存在"于理性中，而且"存在"于情感、意志、物质、信仰之中。我们究竟是什么？显然不是这些方面加在一起的总和。

　　"现象学的看"让海德格尔认识到，人首先"要生活"，这种迫切愿望是不可消灭的。"烦"能够很好地解释人的三种存在方式：生存、被抛与沉沦，能把它们统一起来，让它们作为一个整体而存在。我们可以把"烦"简单地解释为"操心"。人生在世，我们每时每刻都在操心：自己的工作、生活如何？丈夫或妻子的工作、生活如何？孩子的生活、学习如何？父母的身体、心情如何？老师的身体、心情如何？朋友过得如何？我们的经营业绩如何？我们国家的经济、政治环境如何？国际经济、政治环境如何？所谓"风声雨声读书声，声声入耳；家事国事天下事，事事关心"，都离不开"操心"这个关键词。活着就要操心，操心就是生活。这就是"烦"的意义。用海德格尔的术语说，人是"先行于自身的——已经在世界之中存在的——与具体事物打成一片的存在"。人的存在是什么？是"烦"。海德格尔说，把人的存在解释为"烦"，不是他的虚构，也不是他创造了这个概念，强行加在人身上，而是人的生存、人的实际生活"展示"了这个特征。换言之，现实生活是生活的表层，"烦"是生活的深层；生活的深层结构总是以某种方式展示自身。这不是我们的规定，而是生活本身展示给我们的规定。

近代西方哲学特别是德国古典哲学重视认识论，不重视本体论。康德在《纯粹理性批判》第二版序言中说，他要在哲学上发动一场"哥白尼式的革命"。公元前 2 世纪的天文学家托勒密认为，地球是其他天体的中心。15 世纪的天文学家哥白尼认为，地球不是其他天体的中心；地球和其他行星绕着太阳运转。哥白尼的"日心说"与托勒密的"地心说"正好相反。康德所谓"哥白尼式的革命"具有同样的特征：彻底颠覆传统观念。以前的哲学家认为，对象是认识的目的，"与对象一致"的认识，才是真理。苹果是客体，我是主体；我对它的认识取决于它，不取决于我。它有什么特征，我才能认识什么特征。这是传统哲学的真理观。康德不这么认为，他说，不是认识与对象一致，主体与客体一致，而是"对象与认识一致"，"客体与主体一致"。近代自然科学的辉煌成就告诉我们，科学家发现自然真理的途径是，首先提出某种假设或假说，然后进行观察或实验。如果观察或实验的结果与假说一致，该假说就上升为真理；如果不一致，科学家就要修订原来的假说。这个认识过程是康德思想的源泉。

英国的经验主义认为，人只能被动地接受自然给他的印象。康德的先验唯心主义认为，人能主动地整理自然给他的印象，形成具有普遍性和必然性的知识。人是自然的立法者。在《未来形而上学导论》中，他明确指出，经验的法则就是自然的法则；自然界就是我们心中的表象的总和。"表象"即外部事物在我们内心世界里表现出来的形象。简言之，康德认为，真理是我们的创造，是心灵先验的综合感性材料的结果，而不是事物本身的显现。这种观点很有代表性。可以说，它是近代理性主义思潮的必然结果。海德格尔求学和工作时期，新康德主义是德国哲学界的主流思想。新康德主义者保留了康德的先验唯心主义和不可知论。然而，海德格尔对此质疑。先验唯心主义有何缺陷？不可知论为什么不能成立？海德格尔的解释不仅表现了他的勇气，更表现了一种前所未有的深刻性和创造性。

真理是事物的无遮蔽状态

在我们之外，到底有没有一个世界？我们能否证明这个世界的存在？康德认为，以前的哲学没有回答这些问题，这是"哲学的耻辱"，是"理性的耻辱"。他的回答是，世界即经验之总和。换言之，我们的经验有多丰富，世界就有多大。乍一看，这个观点似乎是正确的。世界就是我们所认识的那些事物。我们经验之外的事物，不可能成为我们所谓"世界"的组成部分。举例来说，"非典"病毒本来是存在的，但是大多数人不知其为何物。只是在它严重危害我们的健康之后，我们才认识到它的存在，它才进入我们的经验世界。静态地看，世界就是我们的经验；但是动态地看，世界大于我们的经验——我们的世界总是随着我们不断产生新的经验而不断扩大。笔者认为，前者是康德的观点，后者是海德格尔的观点。直面人生，我们发现，谁也不会与世隔绝，人总是"存在于一个世界之中"。由此看来，海德格尔认为，康德所谓"哲学的耻辱"，实际上毫无意义。笛卡儿的"我思"和"我在"，康德的"直观"和"意识"，都是静态的"现成事物"。"现成事物"就是摆在那里、尚未进入人类生活的事物。海德格尔认为，哲学必须立足人生；在人的世界里，任何事物都不是现成地摆在那里，而是有其关系网；事物总与人类生活存在这样那样的联系；与生活无关的"现成事物"不过是哲学家的抽象，并不真的存在。

为什么会出现"外部世界的证明问题"呢？因为近代哲学的出发点就是"在我之内"与"在我之外"的二元对立。笛卡儿的"我思故我在"开启了主体与客体二元对立的先河。笛卡儿说，我可以怀疑一切事物，但是我不能怀疑我正在思想，否则我会陷入自相矛盾。就思维与存在的关系而言，"我思"意味着"我存在"。如果说我在思想，我却不存在，这种说法显然是荒谬的。"思想的行为"包含着"思想者的存在"。这就是"我思故我在"的基本含义。海德格尔指出，近代哲学在设定"在我之内"的"思想"或"意识"的同时，就已经设定了"在我之外"的"世界"或"对象"。在我之内或之外的东西，都是一些"现成事物"。只有预先设定"内在"与"外在"的对立，才能出现"外部世界的证明问题"。关键在于，要设定这种对立，我们首先必须存在于一个世界之中。只有生存于一个世界，我们才能区分我们与世界。海德格尔认为，近代哲学都没有考察"我思"的基础，都把一个无世界的我或主体，设定为哲学的出发点。我们必须考察"我思"的生存论——存在论基础。只有在此基础上，"我思"的活动才是可以理解的。

传统本体论是无根基的，因为它没有考察心灵实体或物质实体的存在方式。海德格尔的基础本体论就是要弥补这个缺陷。与"外部世界的证明问题"相关的，是另一个重要问题：以认识论为中心的近代哲学特别是德国古典哲学，总是先在认识论上"埋葬"外部世界，后又设法"证明"其存在。

下面以康德和黑格尔为例说明。

康德认为，感性直观只能把握事物的现象，达不到"事物本身"。与此同时，康德声称，我们必须设定"事物本身"，否则感性直观就成为无源之水。换言之，我们不能认识"事物本身"，但是我们知道，它是存在的。先"埋葬"外部世界，后又"证明"其存在，就是这个意思。

黑格尔清楚地认识到康德这种说法的自相矛盾。黑格尔说，割裂现象与本质（*事物本身*），无异于说学会游泳前，切勿下水。他认为，现象与本质不可分，本质通过现象而显现。我们常说，要透过现象看本质。这并不是说，现象是一回事，本质是另一回事，而是说现象与本质是一个不可分割的整体，现象能够反映本质，本质就表现在现象之中。黑格尔阐述的现象与本质的辩证法，是完全正确的，但他的哲学原则是有问题的。海德格尔所谓先"埋葬"外部世界、后又"证明"其存在的做法，同样适用于黑格尔。因为黑格尔是客观唯心主义者，他认为，世界万物的本体是绝对精神。这是一种具有创造性的精神力量。他有这样一句名言：实体即主体。他所谓的"实体"即海德格尔所谓的"本体"。山川草木、鸟兽鱼虫，都是绝对精神，文学艺术、哲学思辨也是绝对精神。二者的不同在于，前者是绝对精神的低级阶段，后者是它的高级阶段。黑格尔的客观唯心主义显然是一种目的论。世界万物皆有其目的。问题在于，精神是如何创造物质的？世界和平是许多人的梦想，这个美好的梦想如何才能化为现实？公平正义是许多人的愿望，这个愿望如何才能实现？黑格尔的绝对精神似乎没有如此强大的力量。

近代哲学家为什么会走入这个先"埋葬"外部世界、后又"证明"其存在的怪圈呢？海德格尔说，原因就在于人的沉沦。沉沦于世的人把事物的"存在"错误地当作"现成存在"。根据海德格尔的思想，"事物的存在"远远大于"事物的现成存在"。举例来说，固态的盐是可见的，但是盐的"存在"方式可能是固态的或液态的，可能是我们知道的或不知道的。在日常生活中，我们首先注意到的是事物的某种存在方式，而非事物本身，即事物的整体性存在。"在世界之中存在"是我们的原始现象。这种现象一旦遭到破坏，剩下来的就只有一个孤零零的主体了。我们只能以它为基础，把它和世界连接起来。这是主客二分思维方式的深层原因。

主客二分的思维模式决定了近代哲学的真理观。经验主义说，真理在对象中；先验主义说，真理在主体中；海德格尔说，真理是事物的自身显现。海德格尔的真理观是其哲学思想的核心。《存在与时间》是他的早期作品。在此后的著述中，他多次强调这部作品，尤其是该书的第四十四节。因为这一节专门探讨真理问题。这里提出的真理观，贯穿海德格尔的后期思想。这种真理观发端于西方文明的源头——古希腊哲学。第四十四节开门见山地说，自古以来，哲学就把"真理"与"存在"相提并论。传统真理观的最大特征是，"判断符合对象"，其最主要代表是亚里士多德。亚里士多德说，灵魂的体验或表象与事物"相似"。海德格尔解释说，这并不是亚里士多德给真理下的定义，可是后人把这种说法理解为"知识与事物相似"。中世纪的托马斯·阿奎那沿用这个观点，也用"符合"和"汇聚"来解释"相似"。近代的康德自不待言。他清楚地说，真理或错误不在对象里，而在关于它的判断里。海德格尔认为，把真理定义为"认识符合对象"，是一种很普遍但是很空洞的理解。

"符合"究竟是什么意思？"符合"是一种关系。这个东西与那个东西相符，裤子的颜色与上衣的颜色相符，你说的话与你的身份相符，他开的车与他的地位相符。彼此相关的两个事物，必定有某些相同或相似之处。只有弄清了这些"相似性"，我们才能说，这个东西与那个东西相似。由此看来，把真理定义为"认识与对象的符合"是不够的，因为"符合"以"相似"为前提。只有相似的事物，才能彼此符合。用海德格尔的例子来说，我们背对着墙说："墙上的画像挂歪了。"如何来"验证"我们的判断呢？转过身来看一看即可。下判断就是我们与画像的"关系"，就是我们在那幅画像前面的"存在方式"。"看"证明了什么？证明了事物本身，即墙上那幅画像。在验证过程中，我们与对象是相互关联的。

关键在于画像的存在方式。它如何显现，我们就如何感受。它是始终如一的，在我们的视野中，在我们的判断中，在我们的其他感受中，它具有自我同一性。这里没有一个表象与另一个表象的"比较"，也没有表象与实物的"比较"。我们的验证活动只与那幅画像的存在方式有关——它是如何存在的？挂正了，还是挂歪了？转身一看，画像本身就会显现在我们面前。海德格尔说，这才是判断的目的。判断只与对象（画像）有关。对象决定着判断。对象这样存在，判断就这样描述它；对象那样存在，判断就那样描述它。验证判断正确与否的依据，是画像的显现。如果以前的判断不正确，我们就必须修正它，别无选择。为什么？因为下判断是我们在画像面前存在的一种方式，这种存在方式具有"揭示"功能——它能揭示这幅画像的存在方式。以前的判断是错误的，现在的判断是正确的；这句话的意思是，现在这个判断"揭示"了那幅画像的存在方式。该判断"说出了""展示了""让别人看见了"那幅画像。判断的正确性在于其"揭示能力"。海德格尔的结论是：把真理定义为"主体与客体相似"是错误的，因为真理是"事物本身的显现"，而非"认识符合对象"。

"真实的存在（真理）就是具有展示能力的存在。"这是海德格尔给真理下的定义。"真实的存在"指事物本身。"具有展示能力的存在"指事物自我展示的能力。海德格尔认为，只有用这种激进的方法来界定真理，我们才能把"符合论"从真理概念中清除出去。回顾历史，古希腊哲学家的真理概念，与这里所谓"具有展示能力的存在"，具有明显的相似性。"逻各斯"（说话）在古希腊语中的意思是：把事物从其被遮蔽状态中拿出来，使其进入无遮蔽状态，让人观看。海德格尔吸收了亚里士多德关于"真理即无遮蔽状态"的思想。他把亚里士多德以及其他希腊哲学家所使用的aletheia（无遮蔽状态）一词，翻译为"真理"。这个词包含两个要素：前缀 a-（不，无，没有）和词根 -lethein（遮蔽，看不到，注意不到），其字面含义是"去除遮蔽"。正如同王安石《登飞来峰》云：不畏浮云遮望眼，自缘身在最高层。浮云暂时遮蔽了美好景色，但是诗人相信，美景就在面前，浮云不可能永远遮蔽它。他爬上宝塔的最高层，美丽景色果然出现在他面前。海德格尔所谓的"无遮蔽状态"，就是要除去遮蔽事物的浮云，让事物本身得以显现。

通俗地说，古希腊人认为，"说话"就是要让人懂，让对方知道你在说什么。把一件事情说清楚，就是把这件事情从原来的"被遮蔽状态"带入"无遮蔽状态"。说话者是揭示者，他能把自己知晓的事情展示给别人。"说话"本来的意思是"说真话"。说真话的意思是，有什么就说什么。有即存在。海德格尔对亚里士多德有深入细致的研究。他发现，亚里士多德把"真理"与"事情本身""自身显现"相提并论。海德格尔真理观的另一个证人是赫拉克利特。在赫拉克利特的思想中，"真理"即事物的"无遮蔽状态"。他比较了有思想的人与无思想的人的说话方式。前者的话能够揭示事物的活动规律，后者的话不能揭示事物的活动规律。海德格尔反问：赫拉克利特和亚里士多德都把"真理"解释为"事物的无遮蔽状态"，这难道是偶然的巧合？海德格尔认为，揭示活动（"揭"去事物的遮蔽，展"示"其本质）是真理的原始现象。考察人的揭示活动，就是考察真理的起源。

揭示活动是人生在世的一种方式。只要我们活着，我们就要与周围的人和物打交道。这个打交道的过程，就是我们揭示周围这些人和物的过程，也是他（它）们展示自身的过程。太空行走"展示"了我们的科研水平与综合国力，"揭示"了我们在宇宙空间的存在方式。海德格尔说，"人在真理中"。这并不是说，我们"有时"在真理中，有时不在；"有些人"在真理中，有些人不在。这句话的意思是，我们能够揭示并享有各自的真实生活。我想当化学家，我的化学成绩告诉我，这个愿望一定能实现。这是生活揭示给我的真理。我生活在这个真理中。相反，我想当化学家，但是我的化学成绩一直不好，我就不会在这条路上走下去。我会及时调整方向，从事自己所擅长的工作。这同样是生活昭示给我的真理，我的生活体现着我的真理。把握了什么真理，就会有什么生活。科学家有科学家的生活，艺术家有艺术家的生活，企业家有企业家的生活。一句话，从生存的角度看，我们是真理的揭示者。我们生活在真理中。

从人生的角度看，海德格尔认为，"人在真理中"这一事实具有如下四种含义：（1）生命必然要"展开自身"。"展开"即烦忙与烦神——与周围世界打交道。历史地看，我曾经是学生、编辑和教师，这是我的职业生涯，是我在职业方面的展开状态。人生在世，必须投入生活。投入生活，就是把自己展示于生活中。人在生活中，就是在他的真理中。（2）人总是生存于"被抛"的展开状态之中。人的生存是"被抛"的生存，人的展开状态同样是被抛的展开状态。我们被抛向一个世界。这个世界是我们展示生命的舞台。人被抛进这个世界。这就是他的真实生活。（3）人在被抛的展开状态中"谋划"自己的未来。我们都有理解力，可以听"人们"的话，也可以"听"自己的话。前者是生存的非本真状态，后者是生存的本真状态。海德格尔说，生存的真理是我们最原始、最本真的展开状态。生存意味着我们必须谋划未来的发展。走向未来，就是走向真实的人生。（4）在被抛的展开状态中谋划自己未来的人，必然已经"沉沦"于一个世界。沉沦于世的人听命于"人们"的意见。闲谈、好奇、两可之类的存在方式，阻止我们直面自己的存在。我们存在着，却不在本真的存在方式中，而在非本真的存在方式中。沉沦于世是人生的真实写照，真实的生活即沉沦的生活。

海德格尔认为，非本真的存在方式并没有完全遮蔽本真的存在方式。"说话"本来应该展示我们本真的生存方式，现在却沦落为一种无关紧要的生存方式：闲谈、好奇、两可。我们知道什么是本真的存在方式，却故意躲避它，不敢正视它。正因为本真的生存方式曾经处于无遮蔽状态，所以我们才能封闭它，伪装它。我们虽然生存于世，却都戴着假面具。"沉沦"是我们的本质特征。从"沉沦于世"这个角度看，海德格尔说，"人在'不真'中"。"不真"即"非本真的生存方式"。读者也许会问：人在真理中，与人在不真中，正好相反。我们怎么可能既在真理中，又在不真中呢？按照海德格尔的阐述，我们既"揭示"真理，又"掩盖"真理。从生存的角度看，我们是真理的揭示者。我们生活在我们所理解的某种真理之中。从沉沦的角度看，我们是真理的掩盖者。我们不是我们，而是"人们"。海德格尔的分析很有辩证法的意味。他说，正因为我们揭示了真理，所以我们知道，如何才能掩盖真理。没有揭示，就没有掩盖。所以他说，"人在真理中"与"人在不真中"同样地原始。他还引证古希腊哲学家巴门尼德的观点，来说明真理与不真的这种关联性。真理女神将巴门尼德带到两条道路前面：一条是无遮蔽之路，另一条是遮蔽之路。海德格尔说，巴门尼德的意思是，人总是生活在真理与不真之中。

我们不禁要问：真理是如何存在的？人与真理的关系是什么？海德格尔说，有人才有真理，无人则无真理。只有人能够揭示真理，其他事物没有这种能力。他的阐述很具体，也很重要。其主要论点可以归纳如下：（1）只有当人存在时，牛顿定律和矛盾律才能存在，其他真理才能存在。（2）人出现以前，任何真理都不存在。人消失以后，任何真理将不复存在。（3）因为在人出现之前或消失之后，他的"揭示活动"或事物的"无遮蔽状态"，都不可能存在。这些观点很容易理解，也很容易被误解。我们认为，海德格尔阐述了两个重要论点：（1）人与真理不可分；（2）永恒真理不存在。第二个论点包含第一个论点，所以我们先考察第二个论点。海德格尔认为，我们无法证明，人的存在是永恒的。因此，我们不能说，任何真理是永恒的。要证明真理的永恒性，必须先证明人的永恒性。由此看来，自然科学、社会科学、人文科学的真理，都不是永恒的。牛顿出现以前，牛顿定律既不是真的，也不是假的。牛顿揭示了这些真理。"揭示"的意思是，揭开真理的遮蔽物，让它处于无遮蔽状态。真理可能处于被遮蔽状态，也可能处于无遮蔽状态。这就是真理的存在方式。

这是否意味着，真理是主观的？当然不是。主观真理是主体的创造。海德格尔所谓真理，不是我们通常所谓主观真理或客观真理。人不能创造真理，只能发现真理。只有通过人，真理才能进入人类的生活。没有人，科学规律依然存在，物体依然按照牛顿定律运动。人在真理中。有人，就有真理。无人，则无真理。二者不可分割。

海德格尔的真理观，对我们理解哲学与其他科学的关系，具有非常重要的意义。各门学科应该重视人的作用。在《德国大学的自我宣言》与《大学校长（1933—1934）：事实与思想》两篇文章中，海德格尔明确指出，当代教育的弊病是"见物不见人"。"实用"成为衡量一切的尺度。大学成了"职业培训学校"。科学（自然科学与社会科学）被肢解为一些互不相干的碎片，没有统一性和生命力。人消失了，万物的统一性不见了，人与万物的关系被遗忘了。海德格尔大声疾呼人的整体性与万物的统一性。科学研究是人的活动，人是一个整体，科学研究也应该是一个整体。人的活动乃科学之根。见"物"不见"人"的科学是无根的，也是盲目的和危险的。那么，人的整体性是什么？我们如何才能把握这种整体性呢？

存在的意义是时间

人是一个有机的整体，不是他的身体器官、思想感情以及其他特征相加之和。要理解人，就必须把他当作一个有机的整体。我们如何才能把人当作一个整体进行描述呢？我们知道，生命的终点是死亡，谁也超越不了这个界限。海德格尔认为，我们可以通过死亡现象来考察人的整体性存在。问题是：我们活着的时候，我们还"不完整"，还不能考察存在的意义；我们死了以后，我们的存在虽然"完整"了，我们却不能考察存在的意义了。

死亡包含着人的全部存在。人死了，人的存在就完整了。我们应该如何看待死亡现象呢？海德格尔分析了两种不同的态度，一种是"人们"的态度，一种是"良知"的态度。他所谓"良知"，与我们平常所谓"良知"或"良心"截然不同。我们将在适当的地方，进一步分析这个概念。我们都是"人们"，因为我们都沉沦于一个世界。"人们"认为，"死亡"总是"别人的"，而不是"我的"。我们不时看到或听到，某人死了。这说明，我们能够体验死亡，因为我们与别人"共同存在"于一个世界。别人的死与我们有关。唯因如此，人的死与其他动物或植物的死不同。动植物死了以后，就很难成为我们生活的一部分了。人却不同。我们的亲戚朋友离开我们之后，他们仍然是我们生活的一部分。他们活在我们心中，我们为他们举行葬礼，修建墓碑。每年清明节，我们要为他们扫墓，追忆我们与他们共同走过的那段人生路。虽然动植物也会死，但是我们通常不为它们举行追思会。人的死显然包含更多内容。这是动植物的死无法比拟的。

从现象的角度看，死亡具有如下意义：首先，我们可以体验别人的死亡。这说明，死亡不是不可认识的。我们与别人共同存在于一个世界。由于这种共存关系，我们可以体验别人的死亡。

其次，人的死是无法替代的。我们可以替别人做很多事情，别人也可以替我们做很多事情。海德格尔说，人做什么，他就是什么。我教书，我就是一名教师。你做生意，你就是一个生意人。他画画，他就是一名画家。然而，我不仅是一名教师，你不仅是一名生意人，他也不仅是一名画家。我们是人，是一个整体。教师、生意人或画家的身份，是可以替代的。别人可以替我上课，也可以替你做生意，也可以替他画画。这说明，这些身份不是我们的本质规定。换言之，没有这些身份，我们仍然是人。死亡与这些身份截然不同。我们的死是谁也替代不了的。我们经常听说，某人"为我们或别人而死"。这句话的确切含义是，这个人"为了某某事业"而牺牲自己。从海德格尔的角度看，他的牺牲是一回事，别人的死是另一回事。虽然他"为别人而死"，别人还是免不了一死。他终究替不了别人。死亡是每个人的本质属性。只要是人，就必须有这种属性。没有这种属性，就不可能是人。死亡总是"我的死亡"，是无法替代的。

死亡的第三种意义是：人的存在是"向死亡存在"。海德格尔举例说，不成熟的果子自己走向成熟。成熟是果子的潜能，潜能必定转化为现实。不成熟的果子只是"尚未"成熟。我们必须注意，这个"尚未"在果子"之内"，而不是在它"之外"。"尚未"是果子自身的，不是外力强加给它的。"尚未"即果子，果子即"尚未"。同理，只要我们生存于世，我们就是这个"尚未"，就是"向死亡存在"。这是我们降临人世之际，便已具有的一种存在方式。不幸的是，沉沦于世的我们，通常认识不到这一点。因此，我们对待死亡的态度是"非本真的向死亡存在"。

如前所述，"人们"是沉沦的生存状态的主角。"人们"是所有人，又谁都不是。我们经常把"人们"挂在嘴边，以"人们"为裁决一切的法官。人们认为，死亡是"明摆着"的一件事情。我的亲人"走了"，我的仇人"死了"，我的同学"英年早逝"，数万人在大地震中"遇难"。谁都"知道"死是什么。"人们"早已作出解释。在日常生活中，我们很少想到死。不少人忌讳这种想法。海德格尔说，实际上，我们是在"躲避"死亡；我们认为，人终有一死，不过现在还轮不到我们。人们把"死亡"理解为一种不确定性：

我们不知道它到来的时间、地点与方式。对我们来说，它还是一种"尚未"——不在我们的生活范围之内，因此，它威胁不到我们的生存，我们不用害怕。人们对待死亡的这种态度，很有吸引力。因为任何人都可以这样安慰自己：别人死了，但我没事儿。这就是"非本真的死亡"。说它"非本真"，是因为这种态度没有正视死亡现象，没有追溯其来龙去脉。死亡成了摆在我们面前的一个现成事物或偶然事件，我们可以躲避它，一如躲避瘟疫。无论如何，死亡不是我们的本质特征。

在分析人的生存状态时，海德格尔曾经指出，我们的生存具有三大基本特征：情绪、理解与话语。面对死亡，人们感觉如何？一个字：怕。因为害怕，所以人们从不思考死亡这件事。"想到死"就意味着"胆小怕死"。人们说，我们不应该这样"软弱"，人终有一死，这是理所当然的事实。人们自我感觉良好，这种感觉使我们滞留于沉沦状态，不断逃离死亡的厄运。人们逃跑，却不"胆小"。为什么？不知道。因为人们对待死亡的态度是模棱两可的。人们自己怕死，还嘲笑别人"胆小怕死"。这就是沉沦状态的"不真实"。人们生活在"不真实"之中。真实的情况是，我们早已"向死亡存在"了。这是我们的生存方式。生活于非本真状态中的我们，还没有清楚地认识到这一点。我们总要把这种情况掩盖起来，把死亡改造成与我无关的一个事件。

何谓"死亡"？海德格尔的定义是：死亡是生命的终结，是我们最本质的、与其他事物无关的、我们确知的、它本身却是不确定的、谁也无法超越的一种可能性。这就是"本真的向死亡存在"。沉沦于世的人们就是在躲避这种存在方式。海德格尔说，非本真状态以本真状态为根据。我们也许会问：人们为什么不选择本真状态，而要选择非本真状态呢？我们必须区分如下两件事：我们知道不知道、承认不承认真理是一回事，真理存在不存在是另一回事。很多疾病早已存在了，但是直到 21 世纪，我们才对它们有所认识。它们的存在是真实的。它们对人类健康的危害是真实的，只是以前我们不知道它们。现在我们知道，凭借基因技术，我们有可能攻克癌症、艾滋病等严重危害人类健康的顽疾。此前，我们不知道这些疾病及其治疗方法，自然也就无法承认其存在了。

本真的生存状态决定着非本真的生存状态。非本真状态是本真状态的一种变形。人们躲避死亡是一回事，能否躲开死亡是另一回事。"本真的向死亡存在"是不躲避死亡的一种人生态度。它勇于承担自己的死亡。海德格尔用了一个很形象的词汇：先行，来描述我们的"向死亡存在"。我们不是真的去死，而是"先行"到死亡这种可能性之中。这是我们的一种存在方式。"先行"的意思是，我们"尚未"死亡，但是我们能够"先行"体验这种可能性。有了这种体验，我们就有了人的整体性。否则我们就是不完整的，因为死亡还悬在人生之外。

海德格尔是如何解析死亡定义的？他认为，死亡是我们最本质的一种可能性。这是死亡的第一个特征。"最本质"的意思是，最不可缺少的，最必需的。这是我们的重要标志。生存与死亡是我们的存在方式。有生存，就有死亡。石头存在着，但是它没有生命，不能生存。宠物狗有生命，它能够生存，也有死亡，但是它不能追问存在的意义。比较而言，死亡是人的特殊存在方式。死亡现象让我们再清楚不过地看到，我们的一切活动都是为了生存。生存还是死亡，这才是问题的关键。"向死亡存在"让我们清醒地认识到，我们是可以"脱离人们"的。"脱离"有两种方式。其一，某人死了，他不得不脱离群众。其二，此人觉醒了。他不再随大流，而是承担起自己的存在。海德格尔认为，我们能够先行到自己的死亡之中，却不能先行到别人的死亡之中。死亡是不可替代的。它的重要作用在于，它唤醒我们，让我们告别那个无名无姓的人们，回归自我。从此，我成为自己的主人。我必须对自己的存在负责。

死亡的第二个特征是：它是与其他事物无关（nonrelational）的一种可能性。"与其他事物无关"的意思是，死是我的死，与别人无关。我必须接受并承担这种存在的可能性。死不搞"平均化"。它不说"人皆有死"，而说"你会死"，"我会死"，"他会死"。人总是个体，总是这一个或那一个。会死的是这个人或那个人，而不是那个集合名词——人。名词不会死，因为它没有生命。面对死亡，我们不再随波逐流，不再服从人们的号令了。死亡切断了我们与人们的联系，我们开始独立思考，新生活由此发端。这才是本真的生存。我们谋划自己的生活，实践自己的理想。我们必须对自己负责。人们不可能对我的生活负责。没考上大学，是我的责任，不是人们的责任。人们是不负责任的。死把我的责任再清楚不过地摆在我面前。这是一种与其他事物无关的可能性。这种可能性迫使每一个人必须承担自己的存在。

死亡的第三个特征是：这种最本质的、与其他事物无关的可能性，对人来说，是不可超越的。"不可超越"的意思是，谁也不可能超越自己的死亡。死亡是人生的一部分。有生就有死。海德格尔称之为"最极端的可能性"。"最极端"的意思是"不可逾越"。读者也许会说，这是众所周知的常识，谁不知道"人皆有死"这个事实？这种说法只对了一半。哲学来自生活，又高于生活，因此，它能指导生活。

"人皆有死"是事实。我们可以给它作出不同的解释。哲学家的解释一定不同于普通人的解释。"普通人"即"非哲学家"——不以哲学研究为主业的人。与哲学家一样，普通人也会思想，但是他的思想通常不够严密或清晰。人类思想的一大特点是，不同的思想观念之间存在蕴含关系。这是事物本身的存在方式的反映，因为世间万物本来就是一个有机的整体。风调雨顺"意味着"五谷丰登。勤奋加聪明"意味着"成功。三角形"意味着"其三内角之和等于一百八十度。医生"意味着"有这个称呼的人会治病。哲学家的任务之一，就是发现我们思想中的这些蕴含关系，普通人则没有这种义务。

海德格尔认为，面对死亡，我们有两种选择：逃避或正视。人们的态度是逃避。他们不敢或不愿面对这个残酷的事实。本真的生存则不然，这是勇敢者的态度，它不畏死亡，敢于直面人生的整体。从本真的生存看，我们发现，死亡是"不可逾越的"，这是我们的本质规定性。"本质规定性"即"必不可少"的规定性。有这种规定性，我们才是我们；没有这种规定性，我们就不再是我们了。我们是人，所以我们会死；如果我们不是人，我们就不会死。既然越不过死亡这道坎儿，我们就该承认这一事实。承认这一事实，我们就能获得自由。"自由"的意思是，不再怕死，不再逃避死亡。

我们常说，自由是对必然的认识。既然我们知道，死亡是必然的，我们就不再害怕了，我们就自由了。态度是关键，态度决定人生。态度积极，我们就会不断进步；态度消极，我们就会得过且过。思想是一种积极的态度，不思想是一种消极的态度。

这种死亡哲学的深刻性在于，它强调死亡现象的启示作用——我们本来沉沦于世，处于非本真的生存状态，不知道本真的生存究竟是什么。死亡现象把我们的注意力从非本真状态转移到本真状态。换言之，它把本真的生存展示给我们。我们必须注意海德格尔的方法。他的现象学总是面对事实，立足于事实，让事实说话。他从不把自己的意见强加于事实。他描述事实。事实在先，描述在后。如果我们觉得，他的思想有一定的说服力，原因也许在此。

死亡的第四个特征是：我们这种最本质的、与其他事物无关的、谁也无法逾越的可能性，是毋庸置疑的。我们经常听到或看到某人去世的讣告。从表面看，死亡是一个事件，现成地摆在那里。事故的死难者是毋庸置疑的，比如死于车祸、矿难、地震。海德格尔所谓的"死亡"不是指诸如此类的事件，而是指我们这些活着的人，"先行"到各自的死亡之中。先行到死不同于科学计算。无论我们多么善于统计，我们都不可能"计算"出"人皆有死"这个结论。我们

118

知道，科学强调计算，计算的结果总是毋庸置疑的。然而，科学的计算法不适用于人生或死亡。"人皆有死"不是归纳的结果，而是生命的自我显现，是我们对生命的体验和阐释。在先行到死的生命体验中，我们真切地感受到，死亡是毋庸置疑的，它一定会降临到我们头上。这种毋庸置疑的确定性，是生命的本质规定性之一。谁都知道这种规定性。本真的生存勇于承担这种规定，非本真的生存不敢承担这种规定。

死亡的第五个特征是：我们这种最本质的、与其他事物无关的、无法逾越的、毋庸置疑的可能性，就其到来的时间而言是没有确定性的。这一特征的意思是，我们通常不知道，我们的生命何时终结。我们既不知道生命的开端，也不知道生命的终结。人终有一死，但是死神何时降临，我们不得而知。这就是海德格尔所谓"死亡的不确定性"。这种不确定性让我们始终面临死亡的威胁。我们不寒而栗。这种情绪是畏，不是怕。因为怕的对象是可以躲避的，畏的对象却无法躲避。怕狗，我可以待在家里。畏死，则不然。待在家里，有人陪伴，我仍然畏死。这种情绪始终伴随着我们。对人来说，这不是一种可有可无的非本质规定性，而是一种具有普遍意义的本质规定性。人皆畏死。从情绪的角度看，畏即人的"向死存在"。

哲学分析毕竟不同于实际生活。读者也许会问：我们如何才能超越非本真的生存状态，而进入本真的生存状态呢？我们如何才能勇敢地直面自己的死亡呢？我们是如何提出这种要求的？

海德格尔认为，这种超越不仅是可能的，而且是我们自己要求的。我们通常迷失在人们的闲谈之中。我们不听自己，却听别人。海德格尔说，要超越，我们就必须"听自己"，而不是"听别人"。我们自然会发问：听什么？听"良知的呼唤"。这里所谓"良知的呼唤"，只能从现象学角度去理解。现象学强调观察和解释。沉沦于世的我们如何交谈？闲谈。茶余饭后的闲谈，怀有强烈的好奇心。古今中外的大事小事，都是它的话题。它无所不知，又一无所知。它所谈的事物可以这样，也可以那样。它的态度模棱两可。我们以为这是艺术。其实不然。与这种"非本真的说"相对应的，是"非本真的听"。听错了，自然不可能说对。它与"本真的听"截然相反。本真的听与某种声音相呼应，这种声音意义明确，没有喧哗吵闹，使魂不守舍的好奇心无以立足。这就是"良知"。良知的呼唤让我们的心灵返归自身。我们终于听自己了。听良知的呼唤就是听我们自己。读者也许会说：自己听自己，岂不荒唐？海德格尔的意思是，摆脱别人的驾驭，按照我们的思想而生活，是我们的选择，而非

120

别人的强迫。我们把自己从懒惰的睡梦中唤醒，开始追求真理，思考存在的意义。良知的重要性在于，它能够超越人们的舆论，无视人们以往的权威。人们的世界土崩瓦解了。通俗地说，这是一个思想转变的过程。以前我们关注人们，现在我们开始关注自己了。

良知如何呼唤？海德格尔说，良知的呼唤不付诸声音。闲谈定然是有声的。闲谈者滔滔不绝，高谈阔论。令人遗憾的是，其主旨含混不清，模棱两可。良知的呼唤是闲谈的对立面。良知在"沉默不语"中呼唤我们。沉默是嘈杂的对立面。嘈杂是没有思想的，沉默意味着思想。良知的呼唤"不期而至"。我们没法为它的到来做好准备。它"出于"我们，又"高于"我们。本真的生存"出于"非本真的生存，又"高于"非本真的生存。良知的呼唤告诉我们，既要承担被抛状态，又要超越这种状态。因为我们一直沉沦于被抛状态，所以我们深感"内疚"，"问心有愧"。这是人的本真状态。与此相反，人们不这么认为。他们一贯正确，从不感到内疚。他们一直在犯错误，却从不认为自己是错的。认识错误就是倾听良知的呼唤，倾听良知的呼唤就等于说：愿有良知。"愿有良知"的意思是，把此前那种"没有良知"的沉沦状态承担起来。

从生存的角度看，"愿有良知"表现为一种"先行到死的决心"。听到良知的呼唤，我们不再喧闹了，我们变得"默默无言"。良知默默地呼唤，它让我们认识到，我们的心灵无家可归。"心灵无家可归"的意思是，我们不听自己，只听人们。人们的态度模棱两可，飘忽不定。现在的"沉默无言"取代了以往的"喋喋不休"。我们知道自己问心有愧。我们默默地谋划自己的生活。畏的情绪伴随着我们。海德格尔称我们的这种生存状态为"决心"。我们决心已定，要解放自己，要自由地生活。

在展示我们的本真存在之际，我们把别人的本真存在也一道展现出来，因为他们与我们的关系是共同存在。我们一旦下定决心，要本真地生存，我们就成为别人的良知——我们能够"唤醒"他们，让他们直面自己的生存。先行到死的决心源于良知的呼唤。良知是呼唤者，决心是呼应者。先行到死的决心把死亡放在一个突出位置。死掌握着我们的生存，我们再也不遮蔽本真的生存了。在死面前，我们无路可逃。需要说明的是，"愿有良知"的意思不是要与世隔绝，而是要抛弃错误思想，下定决心，身体力行本真的生存。这里所谓的"决心"不同于"唯心主义"的诉求，不是飘扬在现实人生之上的崇高理想。海德格尔认为，决心发端于我们对现实人生的严肃思考。为把我们带向自己的生存。面对自己的生存，我们怡然自得。

先行到死的决心有何意义？海德格尔说，这种决心能够让我们看清人生的原貌。人生本来是一个不容分割的整体，各个部分相互包含，相互依存。我们早已生活在这个整体之中，可是我们并不知道这一事实。这是因为，存在的意义、生命的价值之类的问题，通常排在功名利禄等现实问题之后。在为功名利禄奔波之际，我们很容易忘记前一类问题。先行到死的决心能把我们从这种忙碌中拽回来，迫使我们严肃地思考存在的意义——人活着有什么意义？

　　"现象学的看"是一种很有生命力的哲学方法。它直面现象本身，就现象论现象，不依靠某种现成的理论、观点、立场或方法。生命的整体是我们的考察对象。反思自己的人生，我们看到了什么？海德格尔说，我们发现，人生百态，皆统一于时间。何谓"时间"？时间即我们通常所谓的过去、现在、将来。海德格尔的时间概念要比这种时间概念深刻得多。他认为，这种时间是"现成时间"，仿佛摆在某个地方的现成事物。"现成时间"以"人的时间"为基础。后者才是海德格尔所谓的时间。

　　人的时间来自海德格尔对人生的反思，而非他强加给生命的。如上所述，我们的生存是向死亡存在。只有在"将来"这个时间维度中，我们才能向死存在。向死存在的意思是，面向未来，走向未来。"现象学的看"仿佛剥葱，一层比一层深，一层比一层鲜活而真实。最里面的是最真实的，最外面的是最不真实的。干枯的葱皮不是真正的葱，鲜嫩的葱白才是真正的葱。海德格尔认为，时间也是世界万象之一，"将来"是时间现象的表现方式之一，"过去"与"现在"是其另外两种表现方式。"将来"是"向死存在"的本质，一如"向死存在"是"沉沦状态"的本质。

我们必须区分"传统的时间"与"人的时间"。传统的时间没有把过去、现在和将来统一起来。它认为，"将来"与"现在"不同，"将来"在"现在"之前。"现在"还没有实现的愿望，"将来"也许能够实现。现在我还不是名人，将来我也许能够成功。这就是传统时间所谓的"将来"。这种将来与现在是不相干的。现在是现在，将来是将来。海德格尔所谓的"将来"则不然。他认为，从现实人生来看，我们的存在总是面向"将来"。"将来"决定着"现在"。举例来说，我想在出版界成就一番事业。这是我的理想，我的未来。这个未来不是可有可无。相反，它与我的现实人生息息相关。它决定着我现在的生活方式。它是我此时此刻的奋斗目标。将来在我的生活中，犹如参天大树潜在于小树苗之中。静止地看，将来与现在无关；运动地看，二者不可分割。未来主导现在。未来人生是现在生活的指南。从现实生活来看，我们不是从过去走到现在，而是根据未来的目标，投入现在的生活。这就是海德格尔所谓的"将来"。

将来这个时间维度从何而来？海德格尔说，它来自"先行的决心"。我们必须注意，"先行"并不意味着"走到前面，不管或不要后面"了。我们知道，前后是相互依存的，有这一方，才有那一方。"先行到死的决心"是我们反思人生、理解生命的结果。我们下定决心，要承担自己的"有愧存在"。"有愧"的意思是，我们应该"本真地生活"，结果却落入"非本真生活"的圈套。因此，我们觉得"问心有愧"。承担"被抛的生活状态"，就是要本真地生活，要在"已经开始的生活"中"重新生活"。"已经开始的生活"是我们的日常生活。"重新生活"是"本真的生活"。新思想意味着新生活。我们必须注意新生活与旧生活的关系。新生活并不脱离原来的生活世界。改变了的只是我们对待生活的态度。从新的视角看，我们发现，真实的生活原来如此！

旧生活是被抛状态，新生活是本真状态。只有在"过去"这个时间维度中，我们才能理解"被抛状态"。为了与传统时间划清界限，海德格尔用了一个新词——曾在，它与"过去"同义。为了方便读者理解，我们沿用传统的说法——过去。但是，为了区分海德格尔的新思想与传统思想，我们称前者为"人的时间"，后者为"传统时间"。从现实人生看，我们早已被抛入某个世界。这一事实说明，我们是"过去"的产物。每个人都有自己的过去。过去是我们的本质规定。处于被抛状态的人，不一定认识这种生存状态。"认识"了被抛状态的人必定知道，什么是本真的生存，什么是非本真的生存。我们不认识本真生存的时候，它潜在于生活的"被抛状态"；我们认识它以后，就能把它与本真的生存区分开，后者就能成为我们生活的向导。这种认识的基础是先行到死的决心。因此海德格尔说，过去以某种方式源于将来。这就是说，过去与将来是统一体。过去包含着将来。将来内在于过去，是过去的根源。

我们常说，回顾历史能够预见未来。这种"过去——将来"的时间观念，完全不同于海德格尔所谓的"人的时间"。从现实人生看，海德格尔认为，"将来——过去"的时间观念，才是人生的正确解释。只有立足"未来"，我们才能看清"过去"，才能承担"过去"的是非曲直。"将来"我要当一名法官，为人们主持公道，伸张正义，这是我的理想。从未来的角度看，历史不再是过眼云烟，不再是过去事件的简单罗列，而是包含着未来的意义整体。过去与未来是一个连续体。

先行到死意味着将来，被抛状态意味着过去。最后一点："沉沦于世"意味着"现在"。海德格尔用的是"当前"而非"现在"。我们用后者来表示前者，因为"现在"更合乎人们的阅读习惯。海德格尔认为，人生包含三个环节：生存、被抛与沉沦。它们是相互蕴含的关系。生存意味着被抛，被抛意味着沉沦。只有在"现在"这一时间维度中，我们才能"沉沦于世"。我们与周围世界打交道，都是从"某时某地的某个事件"开始。通俗地说，我们所做的任何事情，都包含着"从现在做起"这个时间要素。对未来的谋划，对过去的回忆，都要"从现在做起"。

传统时间可以用"过去——现在——将来"来表示。这种时间与人的生存无关。海德格尔的时间概念可以用"将来→过去→现在"来表示。这种时间与人的生存密切相关。它是人类生命的纽带。它把人类生活的不同形态（*生存、被抛、沉沦*）统一为一个整体。海德格尔特别强调这三个时间维度的有机统一。用他自己的话说，"过去源于将来；已经成为过去的将来（或者说'正在成为过去的将来'）从自身释放出现在"。尽管我们已经在措辞上做过修改，海德格尔的表述依然晦涩难懂。他的意思是，我们不能人为地割裂时间的三个维度。将来与过去是一个整体，因为在时间的长河中，将来不是凝固的、静止的，而是持续不断地从我们身边流过，成为过去。"已经成为过去的将来"说的就是这个意思。

谁都知道"将来总会过去"。小学时代，到北大读书是我的梦想。后来，我的这个梦想真的实现了。梦想的实现取决于我的努力。实现梦想的过程，是将来变为过去的过程，也是将来变为现在的过程。这是同一个过程的三个方面，是人生旅程的真实写照。在这个过程中，将来处于主导位置。"将来"既是"过去"之源，又是"现在"之源。海德格尔称"将来"这个统一体为"时间"。他说，烦的意义是时间。此前，他曾说，存在的意义是烦。综合这两个论点，我们可以清楚地看到，存在的意义是时间。这是《存在与时间》的最后结论。海德格尔解释说，他起这个书名，就是为了表明存在与时间的密切联系。

时间意味着变化，意味着大千世界的生生不息。在海德格尔看来，存在不是永恒不变的，像柏拉图的理念那样。思想的重要任务在于，唤醒人们的时间意识。主客二分的思维模式总是把对象当作一成不变的客体。海德格尔说，只有超越时间，客体才有可能被视为永恒不变。他认为，我们必须让客体"流动"起来，把客体投入时间的长河。真正的思想必须摧毁传统形而上学的"存在"，摧毁那个超时空的、永恒不变的、与现实世界相对的彼岸世界。

对于这个结论，海德格尔的态度可谓谦虚谨慎。在《存在与时间》的结尾处，他这样写道：我们必须设法照亮本体论的基本问题，这是我们的必由之路。只有走过这条道路之后，我们才能说，这是唯一的或正确的道路。存在问题聚讼纷纭，我们没有解决的办法。因为谁也没有探讨过这个问题。"气势汹汹"是不管用的。只有做好准备，我们才能提问。《存在与时间》就是这样的准备。

海德格尔的学生、德国著名学者奥托·帕格勒认为，《存在与时间》草草收场，不是一部完整的作品，海德格尔并未实现其目的。他的基础存在论并未给传统存在论提供一个可靠的基础。与很多伟大的哲学家一样，海德格尔是真理的探索者，而非真理的终结者。我们可能不同意海德格尔的某些观点和方法，正如他不同意很多人的观点和方法一样。在探索真理的道路上，这是正常现象。重要的是，我们应该考察他那些观点的意义和探索方法，分清优点和缺点，然后提出我们的论点和论据。《存在与时间》告诉我们，人的生命是有限的，因此我们所认识的存在的意义也是有限的。我们刚刚踏上探索存在之路。

——第 3 章——

艺术是真理在作品中的显现

1934 年 4 月 23 日，海德格尔告别政坛，返归哲学世界。理想与现实、古希腊与德国真可谓天壤之别。我们很多人都经历过理想与现实的冲突。理想不能实现时，我们会作出怎样的选择？要么放弃理想，要么躲避现实。在 1933 年 9 月的一封信中，海德格尔透露了他内心的矛盾：我只知道一件事——我们必须作好准备，迎接思想的伟大变革；与此同时，我却停下了自己的研究工作，但是我相信，这些平凡的工作，同样是在朝着这个方向努力。革新德国思想，返归希腊精神，是海德格尔的理想。为了实现这个理想，他必须忍痛割爱，放下自己的哲学研究。

从政仅数月，海德格尔已痛苦地意识到，他不能把自己的生活世界与思想世界融为一体。在理想和现实发生矛盾时，海德格尔选择了理想。他为自己营造了一个"理想的现实世界"，一个能够把生活世界与思想世界融为一体的处所，这便是著名的托特瑙堡小木屋。他清楚地知道，只有在这里，他才能重新感受古希腊思想的真实与活力。告别政坛后，他如释重负。他终于可以根据自己的理想而生活了。海德格尔所谓的理想不是幻想，不是自欺欺人或自我安慰，而是一种真实的可能性，是一种不断转化为现实的可能性。"理想的现实世界"说的是，在托特瑙堡小木屋，他的理想已经化为现实。他能在理想中生活。

《艺术作品的起源》是他辞去大学校长一年之后取得的研究成果。1935 年 11 月 13 日，他以此为题，在弗莱堡大学发表演讲。第二年 1 月，他在瑞士苏黎世大学重复了这次演讲。我们知道，政治是无所不在的，哲学与政治有关，艺术与政治有关，科学也与政治有关。纳粹希望海德格尔把哲学研究与现实政治联系起来，但海德格尔明确表示反对。按照纳粹的逻辑，他必须为此付出代价。果然，《艺术作品的起源》被禁止发表。直到 1950 年，该讲稿才与其他几篇文章结集成册，以《林中路》为名，公开出版。

海德格尔的学生和助手帕策特，记述了海德格尔艺术观的思想渊源。哲学家怎么会对艺术感兴趣？艺术是如何进入其视野的？原来，海德格尔是巴伐利亚艺术研究院院士。哲学家怎么成了艺术研究院院士？此外，还有一个更难理解的现象：著名物理学家、诺贝尔奖得主海森堡，也是巴伐利亚艺术研究院院士。海森堡的同事、著名物理学家卡尔·封·魏扎克的解释是，他们成功地把"真"与"美"统一起来。真与美的统一问题，关系到知识与艺术的共同起源。从柏拉图开始，真与美的关系一直是哲学的主要问题之一。魏扎克说，海德格尔与海森堡入选巴伐利亚艺术研究院院士，与其艺术才能无关。帕策特还指出海德格尔的另外一个重要贡献：他把哲学和思想（**包括美学思想**）从科学的桎梏中解放出来。那么，他是如何实现真与美的统一的？又是如何解放哲学与思想的？

艺术作品不是普通物品

我们知道什么是艺术作品，但是不一定知道什么是艺术。我们可以用例证来说明，什么是艺术作品。绘画、雕塑、音乐、舞蹈、戏剧、电影、文学、建筑，都是艺术。不知道艺术的定义不要紧，我们毕竟知道艺术的具体形式。一首诗，一部电影，一座古庙，一幅油画，一首乐曲，就能让我们感受什么是艺术。进一步看，我们会发现，这种日常思维包含这样一个循环：艺术家是艺术作品的本源，艺术作品是艺术家的本源。何谓艺术作品？艺术家创作的作品，是艺术作品。何谓艺术家？创作了艺术作品的人，是艺术家。这样的解释等于没有解释，因为"艺术家创造艺术作品"与"艺术作品创造艺术家"，是同语反复。"艺术家"包含着"艺术作品"，"艺术作品"也包含着"艺术家"。这种理解的共同缺陷是，没有界定"艺术"。因此，海德格尔说，"艺术作品"与"艺术家"皆起源于"艺术"。艺术使某人成为艺术家，使某件作品成为艺术作品。"艺术家是艺术作品的本源"与"艺术作品是艺术家的本源"两种观点，就等于说"艺术是艺术的本源"。这显然是循环论证。

循环论证不是真正的论证。一个小孩不知道牛是何物，你不能对他说：牛是牛。你必须用另外一种或一些动物来阐述牛的特征。你可以说，牛类似于马，是一种体形较大的动物。二者的不同处在于，牛有角，马没有角；牛跑得慢，马跑得快。我们能这样来理解"艺术"吗？不能，因为艺术在逻辑上高于艺术家与艺术作品。我们找不到一种与艺术处于相同逻辑层面的事物。我们只有一个选择：面对事情本身，走进这种循环。海德格尔认为，这种选择表现了"思想的勇气"，这是"思想的盛宴"，也是"思想的艺术"。进入"艺术与艺术作品"的循环，只能靠"解释学现象学"这种新方法。这种方法的主要手段是"现象学的看"。如何看？看作品本身。我们不能预先规定艺术的本质，但是我们可以直接考察艺术作品。艺术的定义不明了，但是我们从不怀疑，贝多芬的乐曲是艺术，达·芬奇的绘画是艺术，米开朗琪罗的雕塑是艺术。从这些作品入手，我们就能"看出"艺术的本质。

从表面看，任何艺术作品首先是一个物品。大千世界，无奇不有。就物质属性而言，艺术作品和其他物体一样，也是一种物体。唯因如此，艺术作品常常被降格为一般普通物品。海德格尔的描述很生动：人们把凡·高的画从一个展馆运到另一个展馆，一如鲁尔的煤炭或黑森林的木材被运往外地。第一次世界大战期间，德国士兵的背包里既有荷尔德林的赞美诗，又有擦拭武器的工具。贝多芬的四重奏放在出版社的仓库里，一如土豆放在地窖里。由此可见，艺术作品的物质特征十分显著。我们不得不承认，建筑艺术表现在水泥里，绘画艺术表现在颜色里，语言艺术表现在文字里，音乐艺术表现在声音里。一方面我们说，艺术作品是一种物品。另一方面我们又说，艺术作品不仅仅是一个物品，其内容显然多于或高于物品。它想告诉我们物质以外的某些东西。我们不禁要问：物品和物品以外的那种东西，究竟是如何连接在一起的？为什么说艺术作品不仅仅是一个物品？

何谓物品？物品就是普普通通的物体，例如田野中的泥土、马路上的石子儿、路旁的水井或桌上的茶杯。我们通常不会把有生命的动物当作物品。地里干活的农民、烧锅炉的工人、学校的教师，都不是物品。人不是物品。无生命的自然物或锤头钟表之类的器具，通常被称作物品。回顾历史，海德格尔认为，物品或物体的解释可以分为三种。

第一种解释认为，物体是具有某些属性的一种实体。这块花岗岩的属性是坚硬、沉重、占有一定空间、难看、粗糙、上面有多种颜色、光滑度不够均匀。花岗岩是实体，这些特征是其属性。海德格尔反对这种观点。他认为，物体显然不是诸多属性的组合，而是这些属性的基础。它比属性更多、更深、更完善。

第二种解释认为，物体是不同感觉的组合。我们有不同的感官，能产生不同的感觉。这些感觉统一起来，就成为不同的物体。海德格尔说，这个解释同样是错误的。我们感觉到的，从来不是单个的感觉印象，而是相对完整的现象，例如下雨的声音或汽笛的鸣叫。我们听不到声音的元素。

第三种解释认为，物体是有形式的质料。花岗岩是质料，其颜色、大小、形状、硬度、光泽、纹理等是形式。海德格尔说，把质料与形式分开，是所有的艺术理论和美学思想的基本结构。他怀疑这个基本结构的来源："质料—形式"这种理论结构从何而来？他认为，"有用"是物体的基本特征。质料与形式的结合，以"有用"为基础。把胶泥做成杯子，是为了喝水；把木料做成书柜，是为了摆放图书。杯子和书柜是日常生活中的一些"用具"。质料和形式是用具的特征，用具是物体的特征。因此，我们不能用质料与形式来直接规定物体。物体的这三种解释是我们正确理解物体的一大障碍，也是我们正确理解艺术作品的物质属性的一大障碍。

现象学的原则是"面对事情本身"。面对一件艺术作品，我们首先看到的是其物质属性。海德格尔以凡·高的名画《农鞋》为例加以说明。我们都知道，鞋是由什么材料做成的。如果不用木头或树皮，那就得用毛皮；皮质的鞋底与鞋面，用线和钉子连在一起。其用途是保护人类的脚。但用于场合的不同（*田间劳动或舞蹈*），质料和形式就不同。农妇穿着鞋在田里干活，只有在这里，鞋才是真正的农鞋。"真正的农鞋"说的是，只有在田间地头，农鞋才能发挥其作用，才能进入人类的生活。劳动时，农妇越不注意它，它的存在就越真实。这说明，农鞋是农妇的生活用具，农田是它真正的世界，保护农妇的脚是它真正的用途。农妇干活时，其注意力不可能在鞋上，而是在手头的农活儿上。这就是农鞋的存在方式。我们必须从"用具"的角度理解它。

一只看得见摸得着的农鞋，和凡·高画里的农鞋，是大不相同的。画里的鞋似乎不是用具，似乎没有一个用具世界。从这幅画中，我们看不出农鞋所在的位置，鞋上也没有田间的泥土。可是仔细一看就会发现，鞋上那个黑洞是长期磨损所致，农妇的艰难步履清晰可见。田野上寒风呼啸，整齐的田埂伸向远方。鞋子布满褶皱，笨重而僵硬。农妇穿着它，辛勤地耕耘，其刚毅和坚韧如在眼前。皮质的鞋帮带着泥土的潮湿和大地的丰盈。海德格尔说，画中的用具绝非"只是一个用具"。通过它，我们能够感受农妇的焦虑心情。生活在变，她无怨无悔。经受过物质的匮乏，所以她能深切地感受丰收的喜悦。作为女人，她可能在担忧即将到来的分娩。面对死亡，她会不寒而栗。农鞋是一种用具，它属于"大地"，但是它存在于农妇的"世界"。正是在农妇的世界，它的用途才得以显现。读者一定会问：何谓"大地"？这确实是一个新词。它曾出现在《存在与时间》中。海德格尔在复述罗马神话关于"烦"的故事时，提到过"大地女神特勒斯"。《艺术作品的起源》英译者阿尔伯特·霍夫达特解释说，这个词的出现，与海德格尔1934年至1935年冬季学期在弗莱堡大学的讲课有关。此间，他专门讲授德国诗人弗里德里希·荷尔德林（1770—1843）的两首诗："赫马尼亚"与"莱茵河"。这两首诗多次用到"大地"一词。从文本的角度看，该词起源于海德格尔论述荷尔德林两首诗的讲稿；从思想的角度看，一个新的视野展现在我们面前。

这个新的视野是：艺术作品能够揭示用具的世界。海德格尔说，也许是通过这幅画，我们才能认识农鞋的世界。农妇用它，却不注意它或思考它。在她看来，鞋不过是一个用具。用具都有使用寿命。用完了，它就没用了。没用了，它就成为纯粹的质料。这说明，现实的用具并不能揭示用具的世界。艺术作品则不然。凡·高的画为我们揭示了农鞋的世界。这种揭示既不描述我们眼前的某双鞋，也不介绍制鞋的经过，也不阐释鞋的用途。这幅画"有话要说"。看到这幅画，我们仿佛走进另一个世界。在艺术世界中，"农鞋"才是真正的农鞋。它进入它的"无遮蔽状态"。

如上一章所言，"无遮蔽状态"即"真理"。海德格尔的艺术哲学仍然在谈真理。他在寻找艺术中的真理。对他来说，"真理"与"存在"同义。事物的"真理"即事物的"存在"。只是用词不同，意义没有变化。他清楚地指出：艺术的本质是，艺术作品揭示了存在者的真理。"存在者"即具体事物。农鞋、杯子、桌椅板凳，都是存在者。在艺术作品中，它们不再是"现成而僵死的"事物，而是生机勃勃的个体。它们会"说话"，会"讲述"自己的喜怒哀乐。凡·高画中的农鞋不单是一个用具，而且是一个世界：农妇及其喜怒哀乐，天空和大地，寒风与田野，鞋上的褶皱与磨损的黑洞，农鞋的笨重与农妇的坚韧、刚毅与无怨无悔……这就是艺术世界。它揭示了农鞋真正的存在方式。农鞋不仅"有用"，而且"有一个世界"。日常思维只能看见农鞋的"用途"，艺术思维却能看见农鞋的"世界"。后者才是农鞋的真实存在，前者不是。我们知道，鞋是生活的一部分，穿鞋是为了生活，为了生活得好。鞋的用途全在于人的生活。没有人，就不会有鞋。从海德格尔的角度看很容易认识到，艺术高于生活，艺术比生活更真实。

很多美学家认为，艺术与美有关，与真理无关。他们认为，艺术本身并不美；因为艺术生产美的事物，所以人们称之为"美术"。真理是逻辑的事情，美是美学的事情。海德格尔坚决反对这种观点。他说，站在"存在者的存在"的角度，我们就能看清艺术作品的特征。艺术作品是物体，但不是一般的物体。从物体的角度看，我们很容易把艺术作品与普通物体混为一谈，很容易把艺术作品理解为"质料加形式"，形式是质料的附属物，也是质料的审美价值。这是"物质——艺术作品"的思维模式。与此相反，从艺术作品的角度看，我们就能分清艺术作品与其物质属性。艺术作品的物质属性是毋庸置疑的。凡·高油画中的农鞋不仅属于物质世界，而且属于艺术世界。它不仅是物质，而且是艺术。

重要的是，只有在艺术中，它的物质属性才得以实现，它的真理才得以显现。这是"艺术作品→物质属性"的思维模式。简言之，艺术作品中的物质不同于普通的物质，因为它属于"艺术作品的存在"。我们自然会问：艺术作品是如何存在的？真理是如何进入艺术作品的？

艺术作品是真理的一种存在方式

艺术作品的存在方式不同于普通物体。从物质的角度看，贝多芬的四重奏录制成光盘，放在出版商的仓库里，与土豆放在地窖里，毫无区别。从艺术的角度看，贝多芬的乐曲与地窖里的土豆大不相同。艺术作品存在于它所创造的艺术世界，普通物体却没有这种存在方式。艺术世界是真理的世界，真理显现为艺术作品。问题的关键是：真理如何显现为艺术作品？海德格尔以古希腊的神庙为例，来回答这个问题。乱石丛生的山谷中，有一座希腊神庙，里面有神的塑像。因为有神庙，神灵才得以显现。神灵的存在既扩大了神庙的范围，又限制了它的范围。海德格尔解释说，神庙及其周围地区不会无限制地延伸出去。由于它的存在，山间小道与各种关系统一为一个整体。诞生与死亡、灾祸与祝福、胜利与耻辱、持久与衰败，都成为人类可能的命运。这就是那个历史时代的生命世界。

读者一定要注意，海德格尔所描述的艺术世界具有整体性。现实生活的整体性决定着艺术世界的整体性。"整体"的意思是，人与其世界是一个整体，不可分割。希腊神庙站在那里，暴风雨才能肆虐，神庙里的石头才会有光泽，阳光才会照耀，白天才会有光明，晚上才会有黑暗，天空才会显得高远。高耸的庙宇使不可见的空间变得可见，因为庙宇占有一定的空间，它的有限空间让我们意识到空间的存在。这个建筑艺术岿然不动，汹涌澎湃的大海才得以显现，世界万物才得以显现。神庙是其他事物的基础，海德格尔称之为"大地"。"大地"不是指地球或某一块土地，而是指其他事物的庇护者，类似于我们通常所谓的"大地母亲"。在大地母亲的怀抱，我们有安全感。飞到天上，我们总是觉得不安全。神庙是它那个世界的庇护者或遮蔽者。山间小道、盛衰荣辱、暴风骤雨、白天晚上、高天丽日、澎湃的大海与潺潺的溪水，皆出于神庙，又返归神庙。它是大地母亲。

神庙是建筑艺术。其意义何在？海德格尔的回答是，艺术作品开拓出一个"世界"，并努力维护这个世界。神庙的建立意味着神灵的到来。神灵与威严、荣耀是一回事儿。我们可以说，神庙存在于神灵中，神灵存在于其威严与荣耀中。艺术作品意味着艺术世界，艺术世界意味着真理的世界。何谓真理的世界？有的读者把真理当作一种理论。"真理"一词的本义是"实在""真实""事实""事情本身"。我们通常把"世界"理解为"万事万物"，并不深究其确切含义。这样的世界无非是不同事物的组合。不同事物之间缺乏联系。海德格尔的世界则不然。他给他的"世界"造了一个新词：世界世界着（The world worlds）。"世界着"的意思是，世界是人建立起来的，是一个意义丰富的整体。他说，世界不是一个客体，现成地摆在我们对面，让我们观看。孤零零的一块石头没有自己的世界。孤零零的一个动物和一种植物，也没有自己的世界。准确地说，它们的世界还没有建立起来。农妇却有自己的世界，她生活在她建立起来的世界之中。"世界着"的意思是"凝聚"。神灵有"凝聚力"，万物因他而凝聚于此。

　　"世界的建立"与"大地的显现"是艺术作品的两个要素。它们是统一体，都属于作品的存在。我们通常所谓"作品的独立性"就是指这个统一体。不同历史时期的人们，会作出一些重要决定。古希腊人对自己的命运有特殊的理解，这种理解会表现在他们生活的各个方面。这种表现就是他们的世界。与"世界"相比，"大地"更难理解。海德格尔解释说，大地在显现自身的同时，又把自己遮蔽起来。这个既显现又遮蔽的大地究竟是什么？它与世界的关系如何？希腊神庙是艺术，它的"世界"就是它"聚集"起来的那个意义整体。它的"大地"就是我们看得见、摸得着的那个建筑物。我们一定要注意：绝不要把这个建筑物理解为"质料"或"物质"，尽管它有质料或物质的特征。在海德格尔看来，质料是凝固的，一成不变的，而他所谓的"大地"是活生生的，流动的，有庇护力的。山谷中有一神庙。在它出现的同时，它立刻把自己"遮蔽"起来。"遮蔽"什么？遮蔽神庙的某些可能性。神庙不是一间普普通通的住房，不是工棚，更不是驿站，而是人们敬拜上帝的圣殿，现在成了艺术作品。神庙显现为圣殿的同时，就遮蔽了它的其他可能性。神庙而非工棚，这就是它的显现与遮蔽。神庙是"神庙世界"的"庇护所"。它是一个建筑物，其意义却高于一般的建筑物。它庇护着神庙的世界。海德格尔所谓的"作品使大地成为大地"，应该是这个意思。从艺术的角度看，神庙是大地，也是世界。从实用的角度看，神庙是一个普通建筑物。

大地与世界关系如何？它们既不相同，又不分离。作为艺术作品的两个构成要素，它们的关系是"斗争"。世界建立于大地之上，大地通过世界而显现。世界要展示艺术作品的意义，它不能容忍任何遮蔽或晦暗。大地却要遮蔽世界，它要成为世界的庇护所。斗争由此发端。一方面，农妇的世界建立于农鞋之上。没有农鞋，就没有农妇的世界。这

143

并不是说，凡·高不画这只鞋，农妇就不能存在；而是说农妇的世界通过凡·高的画而展现在我们面前。农妇的世界离不开农鞋。农鞋是大地，大地是世界的基础。另一方面，农鞋也离不开农妇的世界。只有在农妇的生活世界里，鞋才是农鞋。超市里的农鞋不是真正的农鞋，地摊上的农鞋也不是真正的农鞋，因为它们还没有建立自己的世界。只有进入人的生活世界，鞋才能成为真正的鞋。农鞋是大地，大地显现了，世界才显现；大地不显现，世界也不显现。

农鞋指向农妇的世界。世界与大地是相互依存的。农妇的世界展示了农鞋的意义，农鞋却要"遮蔽"这些意义。这是为什么？因为所有的意义都要回归本源——农鞋。它们都是"农鞋"的意义。农鞋仿佛大地母亲，是各种意义的起源与归宿。各种意义是它的部分表现，但不是其整体。大地与世界的关系是辩证的：只有通过世界，大地才能表现为世界与大地；只有依靠大地，世界才能有意义。我们可以把"大地"理解为艺术作品的物质形态（*农鞋、神庙等*），把"世界"理解为艺术家通过这个物质形态而建立起来的艺术世界。世界要把大地完全展示出来，大地要把世界完全遮蔽起来。世界不让大地遮蔽它，大地不让世界展示它。一方面，农妇的世界不让农鞋遮蔽它；另一方面，农鞋不让农妇的世界展示它，因为展示必然是部分的和历史的。海德格尔深刻

144

地指出，艺术作品造就了"世界的建立"与"大地的显现"。它发动了二者的"斗争"或"冲突"。它就存在于这种冲突之中。艺术作品是世界与大地的斗争过程。这个过程不可能终结。这个过程的终结，意味着艺术作品的终结。这种冲突是"原始的冲突"。"原始"即"源泉"。我们不可能追溯到更远的地方。

真理发生于大地与世界的斗争过程。这里的"真理"与《存在与时间》中的"真理"是一致的。这里的真理观更清楚、更具体，因为它与艺术作品联系在一起。海德格尔坚持《存在与时间》中的真理观，把真理定义为"存在者的无遮蔽状态"。他说，古希腊哲学家没有注意"无遮蔽状态"一词的重要意义，没有考察真理的本质，却专注于真理的某种表现方式。后来的哲学也没有思考这个至关重要的问题。在古希腊人那里，"无遮蔽状态"被遮蔽得极其严实。我们必须区分以下两种情况：一方面，人们对"无遮蔽状态"一无所知，另一方面，"无遮蔽状态"却决定着世界万物的存在。这一点不难理解。我们不知道某种病毒存在，但是不能说，它不存在。

批评传统真理观，始终是海德格尔的要务之一。他说，长期以来，人们把真理理解为知识与事实相符。其实，只有当事实显现之后，我们的知识才能与它"一致"或"不一致"。如果事实不显现，我们就不可能形成关于它的知识。事实的显现就是事实的无遮蔽状态。我们与无遮蔽状态究竟是什么关系呢？海德格尔明确指出，不是我们设定了事物的无遮蔽状态，而是无遮蔽状态让我们处于它的影响之下，关注它的表现。用我们熟悉的话说，不是我们设定真理，而是真理设定我们。"真理设定我们"的意思是，真理决定着我们的生活方式，而不是我们的生活方式决定着真理。我们能否把握真理，取决于真理的显现。真理不显现或不存在，再高超的认识能力也毫无意义。这是海德格尔的主要论点。

这种真理观有力地驳斥了近代哲学的主观主义倾向。康德认为，事物是主体的构造，与事物本身（物自体）无关。换言之，真理是不显现的。显现出来的，只是真理的现象，不是真理本身。主观主义的真理论缺乏客观性，它挖了知识大厦的墙角。海德格尔的重要性在于，他恢复了知识的权威性和客观性。真理向我们显现出来，在它的光辉照耀下，我们才能看到世界万物的兴衰成败。如果真理不显现，我们就不可能获得任何知识。举例来说，环境对于人类的生存，具有至关重要的作用。我们早已知道这个道理，却无动于衷。环境保护毕竟是最近几十年的事情。此前，这个道理早已显现，我们却不予理会。近几十年，人类开始关注环境问题。按照海德格尔的真理观，没有真理的显现，我们就不可能有保护环境的意识。知识以真理为前提，它是真理的衍生物。

　　知识与存在的关系如何？根据海德格尔的论述，存在远大于知识。我们的知识是有限的。很多事物处于我们的知识范围之外。我们已有的知识要么不清楚，要么不可靠。为什么？因为事物不是我们创造的。事物本身是如何存在的？它们是如何显现给我们的？海德格尔苦苦思索这些问题。1923年，海德格尔在黑森林地区的托特瑙堡小镇买了一小块儿地，盖了一个小木屋。里面的设施十分简陋。在这里，他能避开大都市的喧闹。与农村的这种亲密接触，使他熟悉了农村生活，也熟悉了伐木工人的生活。也许是因为这个缘故，在阐述真理问题时，他选了一个与伐木有关的词汇：林中空地，其引申义是"照亮"或"澄明"。我国著名哲学家张世英在《进入澄明之境——哲学的新方向》中说，一片森林，毫无空隙，阳光怎能照得进来？这空隙是阳光得以照进的先决条件，它是真正的澄明之境。这个解释能够帮助我们清楚地理解海德格尔的真理观。海德格尔用这个比喻来解释"真理与万物"的关系。他说，澄明既能让我们认识我们之外的那些事物，又能让我们认识自身。用林中空地的例子来说，有了林中空地，才有林子；反之，没有林中空地，就没有林子。这里的关键是人。人在树林中，既无空地，又无光线，他是不能区别他与周围世界的。因为他在黑暗中，什么也看不见。有了空地和光线之后，他才知道，什么是光明，什么是黑暗，什么是树木，什么是人。海德格尔深刻地指出，澄明既能在一定程度上揭示万物，又能遮蔽万物。因为"被遮蔽"与"照亮"是相对的，"照亮"的意思是，有的事物在光明之中，有的不在。"照亮"总是带着"照不亮"：照亮了事物的这个方面，就不可能照亮事物的那个方面；照亮了这些事物，就不可能照亮那些事物。这说明，澄明既是照亮，又是被遮蔽状态。

海德格尔没有给我们举例说明，澄明是如何成为被遮蔽状态的。我们可以用 3G 手机来说明这种关系。在我们认识 3G 手机之前，它处于被遮蔽状态。看了报纸或电视之后，我们多少了解一些关于它的情况。3G 的意思是"第三代数字通信技术"，这种新手机不仅能打电话，而且具有电视、上网等功能。简单地说，它是装在口袋里的计算机。以前遮蔽着它的黑暗退去了，它进入澄明之境，它被照亮了。这是否意味着，"黑暗"或被遮蔽状态不存在了？不是。它还有许多其他功能或可能性，我们不知道，但是通信专家知道。进一步说，即使专家也不可能看清它所有的可能性。3G 以后，可能会有 4G，5G。所有这些都是未知数，都是将来的可能性。它们也存在，只是处于被遮蔽状态。被遮蔽状态与无遮蔽状态（澄明，照亮，知识）是一体的，前者属于我们的知识领域，后者尚未成为人类的知识。如此说来，是澄明照亮了遮蔽。澄明发生的同时，遮蔽也开始显现。这就是"澄明即遮蔽"的含义。

海德格尔真理观的重要特征在于，它强调被遮蔽状态的作用。他认为，传统哲学只注意无遮蔽状态中的事物（**现成存在物**），殊不知无遮蔽状态源于被遮蔽状态。传统本体论缺乏"被遮蔽状态"这个基础，海德格尔的基础本体论旨在提供这一基础。他认为，"被遮蔽状态"有两个含义：一个是"拒绝"，另一个是"遮盖"。"拒绝"的意思是，处于遮蔽状态的事物"拒绝"我们认识它。很多事物在我们的知识范围以外。一开始，我们都没有知识。我们都是从无知的黑暗走向知识的光明。知识起源于无知，无知即事物的被遮蔽状态。被遮蔽状态是澄明的开端。需要我们特别注意的是，被遮蔽状态与无遮蔽状态是同时发生、相伴而行的。离开澄明的照亮，我们不可能知道，某物尚处于被遮蔽状态。这是"被遮蔽状态"的第一种含义。

被遮蔽状态的第二种含义是"掩盖"：被遮蔽的事物作为另外一种事物而显现。3G 手机出现在我们的生活中，但不是作为整体，而是作为部分而显现。我们所认识的 3G 手机"掩盖"了它的其他可能性。只有"掩盖"其他可能性，它才能显现。这是被遮蔽状态的第二种含义。被遮蔽状态既

"遮蔽"自身，又"掩盖"自身。海德格尔很形象地说，林中空地不是一个一成不变的舞台，大幕总是拉起，世界万物你方唱罢我登台；相反，它就是"拒绝"与"掩盖"的过程。世界万物的无遮蔽状态不是一种一成不变的状态，而是一个发生过程。因此，无遮蔽状态或真理不是事物的一种属性，也不是一个命题。真理总是受制于一种否定。否定不是一种缺陷，真理不是纯而又纯的无遮蔽状态。纯粹的真理一定不是真理。在这里，海德格尔再次阐述了他在《存在与时间》中提出的一个著名论断：真理即非真理。这并不是说，真理与错误是一样的，3+2=5 与 3+2=6 是一样的。海德格尔强调"澄明与遮蔽"的斗争。真理就是二者的斗争。

海德格尔把这种真理观用于艺术理论。任何艺术作品都包含着世界与大地的斗争。"世界"对应于"澄明"，"大地"对应于"被遮蔽状态"。大地与世界、遮蔽与澄明的冲突和斗争，从未停止。海德格尔认为，艺术作品是真理表现自身的方式之一。它既要建立世界，又要把这个世界隐藏在大地之中。因此它是自我否定或自我斗争。艺术世界建立在不同于自己的大地之上。大地表现在不同于自己的艺术世界之中。二者都是自我否定和自我斗争。

与真理一样，艺术作品也是事物的无遮蔽状态与被遮蔽状态的统一。艺术作品中闪耀着的真理之光，就是美。海德

150

格尔给"美"下了这样的定义：真理是作为无遮蔽状态而发生的，美是真理的一种存在方式。从这个定义看，美与真理的统一是内在的和本质的。美与真同源，二者不可分割。这种美学理论具有非常重要的意义，因为它驳斥了美学领域的相对主义。根据这种理论，艺术作品揭示了事物的无遮蔽状态，这是事物的本真状态，是事物的真理。这个真理可以"作为真理"而存在，也可以"作为非真理"（被遮蔽状态）而存在，却不能作为"不同的真理"而存在。一部作品要么是艺术作品，要么不是。艺术作品能给人以美的享受，非艺术作品不能给人以美的享受。这说明，美不是相对的。它要么显现，要么不显现，却不可能对你这样显现，对他那样显现。我们认为《红楼梦》是一部伟大的文学作品，西方读者也这样认为。西方人认为，《哈姆雷特》是一部伟大的文学作品，我们中国人也这样认为。我们认为《清明上河图》是一幅伟大的画作，西方人也这样认为。西方人认为《蒙娜丽莎》是一幅伟大的画作，我们中国人也这样认为。这说明，美是独立的、自由的，它不依赖人，人却依赖它。有美，人才能产生美感。没有美，就无所谓美感。

　　什么是艺术？只有经过考察，我们才能回答这个问题。最好的办法是从艺术作品入手。艺术的本质必然表现在艺术作品中。从作品本身看，海德格尔发现，真理是艺术作品的本源。在艺术作品中，真理表现为世界与大地的持续斗争。作品是由艺术家创造的。从艺术创作的角度看，我们该如何理解世界与大地的这种斗争？真理是如何进入作品的？

艺术的本质是真理显现在作品中

与海德格尔的艺术理论相比，传统艺术理论显然存在重要缺陷。传统艺术理论主要表现为"模仿说"与"表现说"。模仿说出现于古希腊。亚里士多德认为，诗人应该模仿过去的事、现在的事或者将来应该发生的事。模仿说认为，艺术的本质在于艺术家对现实事物的模仿。这种理论一直是西方艺术理论的主流。根据海德格尔的理论，我们不难看出，模仿说缺乏彻底性：模仿对象是如何存在的？它显现了，艺术家才能模仿。它不显现，艺术家如何模仿？它是如何显现的？模仿说没有意识到这个基本问题。由此观之，它是无基础的。

与模仿说相对的是"表现说"，它是18世纪末19世纪初出现于西方的一种艺术理论。它认为，艺术的本质不是模仿外部事物，而是表达内心情感。20世纪的意大利哲学家克罗齐说，造型艺术是直觉，直觉来自情感。这种理论能够解释抒情性作品的起源，却不能解释再现性作品的起源。从海德格尔的角度看，我们可以提出以下问题：表现说的理想和情感从何而来？有了理想，艺术家才能产生对它的渴望和追求。没有理想，就不可能有追求。这说明，与模仿说一样，表现说也是没有基础的，它没有考察理想的起源。实际上，很多艺术理论并不考察艺术的起源。它们只是列举艺术的四个要素，即艺术家、艺术作品、世界和欣赏者，然后分门别类进行探讨。以文学为例，我们的文学理论通常分为作家论、作品论、主题论与读者论四大部分。"作家"是"作品"的起源，作品是"主题"与"读者"的起源，因为作品总要描述一个世界，总是为读者而写。这样谈论文学四要素的关系，显然是不够的，因为这种理论没有阐述这四个要素的起源，它们被看作现成地摆在文学领域的一些事物。要想弄清它们的起源，我们就必须考察艺术的本质。只有艺术的本质能把它们的起源和关系解释清楚。

何谓艺术？海德格尔说，艺术是真理的变化过程和发生过程。换言之，真理不是一成不变的，而是变化发展的。真理可以"变"为自然科学、社会科学、人文科学、美学等。真理的另一个特征是"发生"。它不是现成存在物，仿佛篮子里的苹果或书架上的图书。相反，它是事物从无到有的显现过程，是一个事件。它可能是过去发生的，也可能是正在发生的或者即将发生的。真理即事物的真相。比如汶川大地震。作为一个事件，它可以作为自然科学的研究对象，也可以作为社会科学、人文科学或文学艺术的研究对象或创作素材。真理是源泉。不同的学术或艺术是支流。

作为真理的变化、发生过程，艺术能够揭示事物从被遮蔽状态到无遮蔽状态的变化过程。从表面看，艺术作品与日常用品差别不大。画一只鞋需要一定的技能，做一只能穿的鞋也需要一定的技能。在古希腊语中，"技能"与"艺术"是同一个词'techne'。海德格尔指出，该词的本义是"认识"。"认识"的意思是"看见"某物。在古希腊思想中，"认识"意味着"去除事物的遮蔽物"，把事物展示出来。"展示"的意思是，把事物带出被遮蔽状态，使之处于无遮蔽状态。如此看来，"技能"或"艺术"一词根本没有"制作"这种含义。顺着这个思路，我们可以把艺术家的创作活动界定如下：创作意味着让某物显现出来。农鞋变成艺术作品的过程，就是其真理产生与变化的过程。真理是它存在的前提，艺术家能把真理建立在作品中，这是艺术家的特殊社会职能。

把真理建立在作品中，就是把某物展示给欣赏者。此前没有人这样展示过它，此后也不会有人这样展示它。海德格尔非常重视历史性概念。他认为，存在的意义是历史的，存在总是某时某地某物的存在。普遍的绝对的超时空的存在，是不可想象的。艺术作品中的真理也是如此。在艺术作品中，真理表现为澄明与遮蔽、世界与大地的冲突。海德格尔用拟人的方式说，真理希望它能够作为这种冲突而被建立在艺术作品中。如上一节所言，艺术作品制造了这种冲突，并且保持这种冲突。世界展示自己的同时，大地也显现出来。大地既是承载者，又是世界的被遮蔽状态。用神庙的例子来说，神庙承载着神庙的世界。它显现时，世界也显现。它不显现时，世界也不显现。大地显现为神庙世界的被遮蔽状态。神庙的世界是神庙的无遮蔽状态。神庙的世界显现之前，它被神庙（大地）遮蔽着。神庙的世界显现之后，我们才认识到"神庙大地"与"神庙世界"的这种既互相冲突又互相依存的关系。我们可以说，艺术创作是艺术家保存他所发现的真理的过程。在他的作品中，真理被保存在世界与大地的斗争中。

保存艺术作品就是保存真理。艺术作品不同于日常用品，因为它开拓出一个艺术世界，它把真理保存在这个特殊的世界。艺术作品与敞开状态（*事物的真理*）的关系越密切，我们就越容易走出日常生活领域，而进入事物的敞开状态。从日常世界到艺术世界的这种转换，具有重要意义。置身于艺术世界，我们必须改变我们先前所理解的世界与大地，必须约束我们习以为常的那些做法与爱好、认识与观点；只有这样，我们才能理解艺术作品所包含的真理。把艺术作品"当作艺术作品"，而不是"当作日常用品"；把凡·高画的农鞋当作艺术作品，而不是当作乡村集市上的一只农鞋，海德格尔称这种思想的转换为"艺术作品的保存"。正因为艺术作品可以这样保存，艺术家才这样进行创作。

从艺术作品的角度看，我们发现，作品不仅隐含着艺术家，而且隐含着保存者。读者也许会问：有的作品很难懂，极少数的人能够进入其艺术世界。这是否意味着，没有保存者，作品仍不失其为艺术作品呢？海德格尔的回答是否定的。他说，艺术作品与其保存者总是联系在一起。艺术作品会等待其保存者，会吁求保存者进入其艺术世界。一件艺术作品可能暂时湮没无闻，但是这不等于它没有保存者。保存作品的意思是，置身于艺术作品所揭示的事物的敞开状态。这样的保存其实是一种认识。认识就是怀着敬畏的心情，置身于作品所揭示的真理之中。这种"敬畏"之情起源于真理或敞开状态的"非同寻常"。真理与我们习以为常的事物，总是有一定的距离。真理让我们心存敬畏。

保存作品就是我们通常所谓的欣赏作品，欣赏它所包含的真理。真理既真且美，所以它可成为欣赏的对象。可是我们知道，艺术欣赏常常引起激烈争论。你要这样理解，他要那样理解，是非曲直，莫衷一是。对此，我们通常的解释是，艺术欣赏因人而异，这要看欣赏者的知识水平与人生阅历。海德格尔的观点是，不能把艺术作品的保存等同于欣赏者的人生阅历。保存艺术作品的意思是，欣赏者能够进入艺术作品所建立起来的真理之境。他指出，作品的保存与人们通常所谓的"艺术鉴赏"大不相同，因为艺术鉴赏不谈真理，只谈作品的外在形式及其特征与魅力。艺术作品是海德格尔艺术理论的出发点。这种以作品为本体的理论，我们可以称之为"作品本体论"。海德格尔深刻地指出，艺术家在创造艺术作品的同时，就一并创造了艺术作品的保存方式。知识水平和人生阅历不同，欣赏能力就不同。欣赏者在艺术作品中所看到的真理，可能是明确的、持久的、适用于很多事物，也可能是不太明确、不够持久、适用于某些事物。艺术作品的真理可能在不同程度上显现，却不可能显现为另外一种东西。农鞋的真理不可能显现为神庙的真理，反之亦然。艺术鉴赏与艺术作品的真理无关，因此，艺术鉴赏不是保存艺术作品的正确方式。

海德格尔关于艺术作品隐含其保存方式的理论，成为三十多年后出现的接受美学的理论根据。德国文艺学家汉斯·姚斯认为，文学文本与文学作品不同。在被读者阅读之前，文学文本的审美价值还没有实现，它还是半成品。只有被读者阅读之后，文学文本才能转化为文学作品，其审美价值才能得以实现。接受美学的"接受"意指读者对文学作品的理解。接受美学的重要意义在于，以前的美学理论重视作家和作品，不重视读者，它却强调读者的重要性。传统理论认为，文学作品的意义是客观的、永恒不变的。接受美学认为，文学作品的意义不是永恒不变的，而是不断变化的，因为读者往往受制于一定的历史条件。

接受美学的这个观点源于狄尔泰、海德格尔、伽达默尔等思想家。接受美学有一种非常通俗的解释："一千个读者，就有一千个哈姆雷特。"这样说固然不错，但是我们应该知道，读者的自由不是无限的，不是怎么理解都行。读者心目中的一千个哈姆雷特，皆源于作品中的一个哈姆雷特。读者毕竟不是作者，他不可能取代作者。海德格尔的理论能够很好地解释读者与作品的关系。从他的角度看，读者是多，真理是一。哈姆雷特的生活世界，是这一千种不同解释的本源。接受美学的不足之处在于，它没有考察美的本质，也没有考察真理问题。真理是标准。离开这个标准，我们的讨论很容易走向相对主义。

真理问题至关重要。它决定着人生的每个阶段和每个方面。慈善家、政治家、经济学家、艺术家、科学家、法学家、外交家，都知道各自领域的真理。知道了真理，他们才开始行动。要应对危机，就要知道事实的真相。事实的真相

158

就是真理。知道了真理，我们才能战胜困难。不知道真理，我们就不可能战胜困难。知道了真理，我们就能有真正的幸福。不知道真理，我们就不可能有真正的幸福。也许是因为这个原因，海德格尔高度重视真理问题。在他的哲学中，真理与存在是同义词。事物的真理就是事物的存在。真理问题贯穿其哲学人生的全过程。他的艺术哲学同样是以真理为核心。从他的角度看，没有真理，就没有艺术。

艺术家是真理的探索者与传播者。艺术家的非同寻常之处在于，他能把真理创造性地保存在艺术作品中。这就是艺术。海德格尔也许觉得，这个艺术概念还不够清晰。在《艺术作品的起源》一文中，海德格尔提出两个不同的艺术概念。第一个概念说，艺术是真理的变化与发生。第二个概念说，一切艺术都是诗。诗是语言的艺术。建筑、绘画、音乐、雕塑都是艺术，但是很少人会说，它们是诗。古希腊神庙与《荷马史诗》毕竟不同。前者是一个建筑物，后者不是；后者是一部诗集，前者不是。这里的"诗"显然是广义的。海德格尔解释说，建筑、绘画、音乐、雕塑都是"语言艺术的变体"。这就是说，艺术和语言不可分。有语言，才有艺术；没有语言，就没有艺术。砖头、树木、牛羊没有语言，所以它们没有艺术。语言和艺术不是谁先谁后的关系，而是同时并存。在建筑艺术家、画家、音乐家、雕塑家的艺术构思中，语言和艺术总是结伴而行。

艺术与真理不可分，语言和真理同样不可分割。海德格尔说，只有语言能把事物带入其敞开状态。这种语言观具有重要意义，因为它揭示了语言和真理的内在联系。我们通常认为，语言是一种交际工具。海德格尔说，语言的首要作用并不是以听、说、读或写的方式来表达我们的思想感情。这是它的衍生义。其本义是把事物从被遮蔽状态带入无遮蔽状态。从生活的角度看，语言的主要功能是"命名"和"说"。给一个事物"命名"，或"说"出一个事物，比如3G手机或卫星电话，就是让这个事物走出此前的被遮蔽状态，进入我们的生活世界。

和语言一样，诗的功能也是"说"：说出世界与大地以及二者的冲突。它能说出事物的无遮蔽状态，能建立人的世界，也能把这个世界保留在大地中。换言之，艺术作品"会说话"，它会告诉我们事物的真相。正是在这种意义上，海德格尔说，艺术是诗。

作品的创作富有诗意，作品的保存同样富有诗意。"诗意"即事物的真理。真理离不开人。只有人能够把握真理。离开日常世界，进入艺术世界，是我们的选择。

海德格尔的两个艺术定义——艺术是真理，艺术是诗——皆以真理为核心。他对艺术的最终定义是：艺术是真理的建立。他说，真理的建立有三个含义：建立是一份赠礼、一个基础、一个开端。首先，真理的建立意味着除旧布新。旧的世界，我们熟知的那个世界，掩盖了事物的真实性，因为我们通常是根据常识或别人的意见来理解世界的。艺术作品所建立的那个新世界，不可能从旧事物中推导出来。一般来说，我们所谓推导都立足于一定的公理、定理或原则。我们认为，这些公理、定理或原则是不证自明的。艺术作品所揭示的真理，却不是不证自明的。相反，艺术作品不接受任何陈旧的东西。艺术建立起来的真理总是新的。艺术的生命在于创新。现成的或已有的知识，与艺术的精神格格不入。真理在艺术作品中的建立，既是事物本身给我们的一份赠礼，又是艺术家给我们的一份赠礼。

其次，艺术作品中的真理是为保存者准备的。保存者总是具体的和历史的。富有诗意的艺术创作能够揭示人类的历史处境。这种历史处境就是艺术作品的大地因素。如上所述，大地是一种自我遮蔽的基础。"自我遮蔽的基础"不难理解。例如楼房的基础，我们看得见楼房，却看不见它的基础。因为基础是自我遮蔽的，它的作用就是支撑整座大楼。它是通过楼房而显现的。看不见不等于不存在。艺术作品的世界因素，总能占了大地因素的上风，因为世界与人类相关，人类与存在的无遮蔽状态相关。海德格尔把真理描述为事物的被遮蔽状态与无遮蔽状态的统一。他特别强调真理的被遮蔽状态，因为传统哲学忽视了这个方面。按照他的思想，艺术作品的真理必然来自那个处于被遮蔽状态的基础。由此可见，真理是一种基础，但不是我们通常所理解的与世界无关的基础，而是一个"承载着世界的基础"。海德格尔说，一切艺术创作都是这样从大地汲取真理的，一如我们从清泉取水。他批评近代美学的主观主义立场，因为它把艺术创作错误地解释为创作主体的天才表现。他认为，真理的建立不仅意味着真理的无私赠予，而且意味着真理能为自己建立基础。

最后，"赠予"和"建立基础"意味着新事物的"开端"，真正的开端意味着"跃进"或"向前冲"，它已经包含了终点，它与其将来是连在一起的，它包含着新旧两个世界的斗争，它不是普通意义上的开端。我们通常认为，"开端"意味着"弱小"，与"未来"无关。这种意义上的"开端"没有进一步的发展，与作为真理的开端毫不相干。艺术作品中的真理，是大地因素与世界因素互相斗争的开端。海德格尔说，从古希腊到中世纪再到现代世界，新的事物不断涌现。艺术家把事物的无遮蔽状态保存在事物之中，不是用真理的方式，而是用图画的方式。无论在哪个阶段，事物的无遮蔽状态都曾显现。它进入艺术作品，这是艺术的成就。

以上是《艺术作品的起源》的主要思想。我们可以用海德格尔的一句话来概括其艺术理论：艺术是真理之进入作品。这就是艺术家和艺术作品的本源。

与其他大思想家一样，海德格尔的美学思想招来很多批评，也赢得很多赞美。时至今日，很多美学家和文学批评家还在饶有兴趣地研读他的作品，这是对他的赞美。还有很多思想家不同意他的看法，他们说，他的观点"神秘莫测"。封·魏扎克和帕策特的评价比较中肯，所以我愿以此来结束本章的阐述：乍一看，海德格尔的美学思想仿佛一组谜语，习惯了传统美学思想的人不断提出强烈的抗议。不幸的是，这些抗议既不能反驳、又不能推翻海德格尔的观点。这些人的思想往往十分草率，他们甚至没有资格说，这种美学思想神秘莫测。

第 4 章

语言是存在之家

　　《论人道主义的一封信》是海德格尔的又一重要文献。海德格尔的学生、朋友和助手帕策特认为，该文的名声堪与《存在与时间》相媲美。这篇文章为何能有如此大的影响力？其主题是什么？海德格尔是如何论述这个问题的？在阐述这些问题之前，有必要了解这篇文章的写作背景。

　　美国哲学家大卫·F.克莱尔把马克思的《费尔巴哈论纲》，与20世纪中叶的法国存在主义联系在一起。1845年春，马克思被法国政府驱逐出境。此后不久，他在布鲁塞尔撰写了著名的《费尔巴哈论纲》。克莱尔特别强调《论纲》的第二条：人的思维是否具有客观的真理性，这并不是一个理论的问题，而是一个实践的问题……关于离开实践的思维是否具有现实性的争论，是一个纯粹经院哲学的问题。克莱尔说，马克思称赞法国是"革命的心脏"。从此，哲学与政治的关系成为法国人激烈争论的一个话题。海德格尔撰写此文，正是为了探讨思维、存在、理论、实践、真理、语言等重要问题。该文的直接起因是法国哲学家让·波弗莱。克莱尔引述马克思，也许是因为提问者波弗莱既研究马克思，又研究海德格尔，还关注政治。

波弗莱是海德格尔哲学的忠实传播者，是法国最著名的海德格尔专家。根据帕策特的回忆，海德格尔怀着愉快的心情，给他讲述了他与波弗莱的第一次会面。1947年12月，法国占领军的一辆军用吉普车开进托特瑙堡小镇，车上下来一位胸佩法国抵抗组织徽章的军官。这就是40来岁的波弗莱。二战结束一年半之后，他决定拜访海德格尔。其间的困难和周折自不待言。战争刚过，物资匮乏。他带给海德格尔一些食品，更重要的是，他给海德格尔带来了坦诚和谦逊。设想当时的情景，海德格尔的心情不可能好。有人说他是纳粹，这些人怀疑他，甚至仇恨他。在这种艰难处境下，身为法国占领军军官的波弗莱，竟然登门造访一位"问题教授"，足见其见识与胆略。他们很快成了好朋友，不仅相互尊重，而且相互信任。这种真挚的友谊一直保持到海德格尔逝世。《论人道主义的一封信》就是这次重要会晤的丰硕成果。

人道主义忘记了存在

"人道主义"有时被译作"人文主义",有时被译作"人本主义"。我们采用"人道主义"的译法,因为"人道"既可以用作名词,也可以用作形容词。我们可以说,这样做比较"人道",却不能说这样做比较"人文"或"人本"。这是我们的语言习惯。就思想内容而言,这三种说法都强调人的价值和尊严,都主张把"人"与中世纪的"上帝"或古希腊的"物"区分开。我们可以把"人道"通俗地理解为"人性",人道主义是一种人性理论。按照这种解释,"人道"的做法是合乎"人性"的,不"人道"的做法是违背"人性"的。

人道主义的明显特征是,强调人在宇宙万物中的重要地位。文艺复兴以来,人道主义所主张的人权,基本上取代了中世纪基督教会所主张的神权。最有名的例子是莎士比亚的名言:人是宇宙的精华,万物的灵长。哲学界最有名的例子是康德,他说:人为自然立法。我们都知道物极必反的道理,这个道理同样适用于人道主义。人固然重要,但是其重要性不是无条件的。人道主义犯了以偏概全的错误,因为它只看到人,却忽视了人的世界。

波弗莱服膺海德格尔的存在主义，不赞成萨特的存在主义。他向海德格尔请教，就是要弄清"人道主义"的真义。从思想渊源看，海德格尔是萨特的老师。早在 20 世纪 30 年代，一些法国思想家开始接受海德格尔的思想。"存在主义"一词最早是由法国思想家让·瓦尔和加布里·马塞尔于 20 世纪 20 年代提出的。瓦尔说，"存在"的意思是：选择，有激情，变化，孤单，主观，只关注自己，知道自己有罪，站在上帝面前。这样的"存在"与海德格尔所谓的"存在"大相径庭，前者只讲人的存在，后者既讲人与万物的存在，又讲它们的基础。二者的用词也大不相同。瓦尔的"存在"可以归入海德格尔所谓的"存在者"，却不能深入海德格尔所谓的"存在"这个层面，他认为，存在是存在者的基础或本体。

海德格尔的思想是随着现象学进入法国思想界的。20 世纪 30 年代初，一个从德国留学回来的朋友告诉萨特，德国出现了一种名为"现象学"的新哲学，它能让我们谈论任何事物：这个杯子，那张桌子，杯子里的勺子，等等。萨特的兴趣油然而生。1930 年，他来到德国，开始研究胡塞尔哲学。他深有感触地说，现象学要求面对现实，几百年来，哲学从未如此接近现实。现象学把人放回到世界中。它非常重视人的苦难，以及人与苦难的抗争。1931 年，海德格尔的文章被先后翻译成法语。1934年至1938年，俄国哲学家科耶夫把海德格尔论述黑格尔哲学的思想介绍到法国，轰动一时。有人回忆说，每次听科耶夫的课，总有一种被压碎、被杀死、被闷死、被压在地上的感觉。科耶夫精通黑格尔哲学，又谙熟海德格尔的思想。根据这两位大师的思想，他自问自答：一切存在的意义是什么？是时间。只有人能够体验时间。因为人是存在领域的开放地带，在这个地带，存在能够转化为虚无，虚无也能转化为存在。海德格尔的传记作家萨弗朗斯基认为，这些思想是海德格尔的《存在与时间》与萨特的《存在与虚无》之间的桥梁。

萨特没有听过科耶夫的课，却看过别人的听课笔记。1933年至1934年冬，他来到柏林，潜心研究胡塞尔和海德格尔，全然不顾纳粹的态度。1943年，萨特的主要著作《存在与虚无》面世。在这里，科耶夫和海德格尔对他的影响清晰可见。萨特说，只有通过人这种存在，虚无才能进入我们的世界。他认为，《存在与虚无》继承了海德格尔所开创的基础本体论的思想传统。海德格尔称人为"此在"，萨特称人为"自为存在"，后者显然借鉴了黑格尔和科耶夫的观点。"自为存在"的意思是，人能设计自己的未来，能超越自我，实现自己的价值。萨特所谓的"存在"不同于海德格尔所谓的"生存"。对萨特来说，"存在"即某物出现在

168

我们面前，与思想观念相对。人"存在"的意思是，人和其他事物一样，出现在这个世界上。与其他事物不同的是，他能思想，能理解自己、设计自己，并实现自己的理想。

1946年，萨特作了一篇题为《存在主义是一种人道主义》的演讲。该演讲最有名的一句话是：人的存在先于人的本质。萨特说，这是存在主义的第一原则。其含义是，人首先存在，然后才能设计自己的未来，规定自己的本质。上帝不存在，因此，普遍的人性是不存在的。人的本质取决于人对自己的理解。在理解自己之前，人只是存在着，还没有本质。本质不是先验的、永恒的、不变的，而是后天的、暂时的和可变的。本质源于人的主体性或笛卡儿的"我思"。这是人的尊严和人道主义的基石。

"存在主义"不是海德格尔的术语，而是学术界普遍采用的一种称呼。萨特和海德格尔的共同之处在于，萨特承认海德格尔对他的巨大影响，他们都关注人的存在。但是，他们的分歧也很明显。萨特坚持主体性，海德格尔反对主体性，二者正好相反。萨特既说他的存在主义是一种人道主义，又说他的哲学继承了海德格尔的思想传统，这就不能不使海德格尔的信徒波弗莱疑窦丛生：海德格尔会如何看待萨特所谓的人道主义呢？

面对事情本身来考察人道主义的起源和本质。海德格尔认为，人道主义最早出现于罗马帝国时期。"人道的人"与"野蛮的人"相对。"人道的人"指罗马人，他们尊崇罗马人的品质，这是他们从希腊人那里继承过来的，通过"教育"，这些品质就能化为现实。这里的希腊人指希腊化时期的希腊人，他们在哲学学校学习文化。学校的任务是传授知识，培养良好的品行。后人把罗马人的这种教育翻译为"人道"。这就是古罗马人的罗马精神。由此可见，人道主义最早出现于罗马帝国，这是希腊文化与罗马文化相互作用的产物。

14世纪至15世纪的文艺复兴其实是古罗马精神的复兴。罗马精神是核心，它所关心的是人道主义。它也关注古希腊的教育。这个时期的"罗马人"同样是"野蛮人"的对立面。中世纪的经院哲学成了"不人道"的野蛮思想。海德格尔深刻地指出，这些人道主义虽然互不相同，但是它们有一个共同缺陷："人道"（人性）立足于人们对自然、历史、世界等的解释。后者决定前者，前者依赖后者。用海德格尔的话说，人道主义在定义"人道"（人性）时，没有考察存在与人的关系。因为人道主义建立在传统形而上学之上，所以它既不认识、又不理解"存在"与人的关系。如萨特所言，从古至今的人道主义有一共同特征：它们相信，人的"本质"是普遍的和客观的，这一点是毋庸置疑的。根据这个原则，人道主义者把人定义为"有理性的动物"。这是海德格尔坚决反对的。1927年出版的《存在与时间》，已经开始了对传统形而上学的批判。在他看来，形而上学忘记了存在问题，没有追问存在的真理，因此，它不可能把人的本质与存在的真理联系起来。

我们常说，人是有理性的动物。海德格尔问道：我们能把"人性"归结为"兽性"吗？我们能把人看作万物中之一物，让他和植物、动物以及上帝排在一起吗？我们是否走上了探索人性的正确道路呢？海德格尔认为，传统形而上学从"动物性"的角度、而非"人性"的角度看待人，这是完全错误的，因为人和动物有很大差异。就身体而言，人的身体与动物的身体很不相同。生理学和生理化学以人体为对象进行科学研究。这并不是说，人的本质就存在于科学研究的对象之中。医学不能揭示人的本质，一如物理学不能揭示自然的本质。把理性、灵魂、性格等"加在"动物体之上，形成一个"有理性（或灵魂、性格）的动物"，这种做法是行不通的，因为它完全没有考察人的本质。海德格尔承认，世界万物之中，生物最难理解，它们最像我们人类，却与我们有天壤之别。这是因为，我们有高度发达的语言体系，它们没有。植物和动物寄居于各自的环境，却从未置身于存在的澄明之境，因为它们没有复杂的语言系统，不能建立自己的世界。这并不是说，它们所处的环境不在世界之内，而是说它们无法建立我们这样的精神世界。我们的精神世界建立于存在的真理之上。语言能够描述存在，能够揭示其"既敞亮又遮蔽"的显现方式。

简单地说，形而上学认为，人的本质是理性；海德格尔认为，人的本质是语言。我们同意海德格尔的观点，人的本质应该是人道主义的基石。形而上学把理性作为其人道主义的基础。海德格尔则认为，理性、灵魂、价值观念等，都是存在者，而非存在本身。混淆存在与存在者，是形而上学的最大缺陷。海德格尔多次强调说，我们不能在"存在者"范围内寻找"存在"，因为二者有着本质的区别，存在是存在者的基础。传统形而上学囿于存在者，误以某种存在者（**理性、灵魂、价值观念等**）为存在，因此，它是无根基的。海德格尔要为它建立一个根基。这个根基便是其基础存在论。存在者必须立足于存在，否则它们就是无源之水或无本之木。建立基础存在论的关键是语言，但不是形而上学的语言。难点在于，除了形而上学的语言，我们没有其他语言可以借鉴，我们如何才能突破形而上学语言这道樊篱呢？

语言是存在的家

这个题目是海德格尔的原话。《论人道主义的一封信》以及其他论文，曾多次提到这个论点。这说明，海德格尔非常重视语言与存在的关系。语言是当代西方哲学的一个重要论题。海德格尔的特别之处在于，他把"语言和存在"联系在一起，他要把语言建立于存在之上。"存在"是海德格尔哲学的基本概念，其含义是事物的无遮蔽状态与被遮蔽状态之统一。"无遮蔽状态"即显现在我们面前的那部分事物，"被遮蔽状态"即没有显现出来的那部分事物。"没有显现"不等于"不存在"。事物的"存在"既指其显现部分，也指其不显现部分。事物总是处于"由隐而显"或"由显而隐"的变化过程中。这就是事物的存在或真理。传统形而上学只关注事物的显现部分，完全忽视了事物的不显现部分。海德格尔称这种事物为"现成存在者"。"现成"的意思是，事物的来源被我们忽视了或遮蔽了。

要突破形而上学的思维模式，就必须重新思考存在的意义，思考存在与思想、存在与语言的关系。思维与存在的关系是传统西方哲学的基本问题。古代哲学的重心是存在论。遗憾的是，它把"存在"与"存在者"混为一谈，"存在"

时而被规定为"形式"，时而被规定为"质料"。无论如何，"存在"总是一种"现成事物"。近代哲学的重心是认识论（或知识论）。认识论的重心是思维或思想。思维与存在是如何实现统一的？英国经验论回答说，心灵是一面镜子，它能如实反映外部对象。在近代哲学家看来，对象即"存在"。"存在"与"存在者"没有区别。何谓思维？思维即感觉经验。何谓存在？存在即外部对象。这是经验主义的形而上学。大陆理性主义的形而上学不重视感觉经验，却重视思维的创造力。在它看来，思维与存在的统一是通过"思维"实现的。康德认为，外部对象是认识主体创造的。我们都有一些先验概念，如"实体—属性""原因—结果""相互作用"等。"先验"的意思是"先于经验"。"先验概念"是我们生来就有的一些概念。我们用这些概念来整理感觉经验，形成具有普遍性和必然性的知识。这就是康德所谓的"先验综合判断"。对康德来说，思维与存在是统一的，因为存在，即外部对象，是思维或心灵创造的。何谓思维？思维即作出先验综合判断的能力。何谓存在？存在即存在者。经验论和唯理论都是海德格尔所批评的主体性思维。在他看来，思维与存在它们完全不是形而上学所谓的那些"现成事物"，它们的关系具有极端重要的意义。

海德格尔是如何理解"存在"与"思维"的关系的？他

认为，"存在"不等于"现成存在"。海德格尔哲学具有明显的整体论特征。这就是说，我们不能以偏概全，不能把存在的某种显现（形式与质料，主体与客体）当作存在本身。神庙不仅仅是形式（一座建筑物）与质料（泥土、石块、木头等）的统一，它还有更多而且更重要的方面：它是神灵的住所，是崇拜者的圣殿，是当地民众的精神世界。它可能还有其他意义。由此看来，它不是一个静态的存在者，而是一个动态的可能性整体；其意义时而显现，时而隐蔽。显现即无遮蔽状态，隐蔽即被遮蔽状态。它是被遮蔽与无遮蔽的动态统一。

读者也许会问：海德格尔又不是"存在"，他怎么知道它时而显现，时而不显现呢？他认为，存在概念有两个来源：现象学的"看"以及亚里士多德的无遮蔽状态这一概念。我们要亲自看、亲自思考，不要让别人替我们看、替我们思考。我们能看到什么？我们能看到事物由隐而显或由显而隐的过程。我们看到，路旁停放着一辆高级轿车，我们的注意力集中在它身上。这时，它周围的事物，如卖炒货的、卖菜的、卖袜子的以及远处的超市和药店，从我们的视野中隐去。诸如此类的事物是轿车的背景或环境，这个背景是具体的、历史的。轿车和它的背景是一个整体，轿车显现在这些背景不显现的时候。但是，"不显现"不等于"不存在"。

轿车的存在意味着，它显现于那些尚未显现的事物之中。显现给谁？当然是显现给人。人不是形而上学所谓的主体。在形而上学那里，主体与客体是现成存在者，仿佛路边的树木与石块。轿车的存在不仅意味着它周围事物的存在，还意味着看见它的那个人或那些人。我们看见它，它便由隐而显，进入其无遮蔽状态。没有我们，它照样存在，只是处于无人知晓的被遮蔽状态。它引起我们的注意，它就离开被遮蔽状态，进入无遮蔽状态。所以海德格尔说，思想属于存在，思想能够说出存在的真理。

我们不是那辆轿车的制造者，却是其发现者。它先存在了，我们才能发现它，把它说出来。因此，存在不仅意味着思维，而且意味着语言。语言和存在不是两张皮，互不相干。相反，语言与存在是一个整体。语言不是一种可有可无的交际工具。手机或座机电话是一种可有可无的交际工具。没有手机，我们可以用座机；没有座机，我们可以写信。但是，没有语言，我们就无法交流思想。因此，海德格尔在《存在与时间》中把语言理解为人的基本生存方式。一个人的生活同样离不开语言。幽居独处是一种思想，也是一种语言。语言和思想都是存在的显现方式。

我们一定要重视"存在"这个基础。它是思维和语言的根基。存在是思想和语言的根据。无视或漠视这个根据，思想就会沦为胡思乱想，语言就会沦为胡言乱语。一句话，存在的显现是关键。它怎么显现，我们就怎么想、怎么说。正是在这种意义上，海德格尔说，"语言是存在的家"。这是《论人道主义的一封信》的主要论点，也是其名言之一。

海德格尔曾多次使用"家"这个比喻。他说，人类的思想经常迷路，无家可归。"无家可归"的意思是，人类不理解"存在"的意义，不知道自己究竟是什么。与无家可归相对的，是在家。"在家"的意思是，人类理解存在的意义，知道自己是什么，不是什么。海德格尔多次指出，存在不是存在者，而是超越者。然而，超越者不是柏拉图的所谓理念，也不是基督教的所谓来世，而是事物的本真状态。事物的本真状态就是我们通常所说的事物的本来面目。事物的本来面目是一回事，我们对它的思考和谈论是另一回事。思想和语言可能立足于事物本身，也可能立足于其他事物。以自然环境为例，它本来是无须保护的。蓝天、碧水、草原、森林、动物、植被，都有自己特殊的存在方式。人类当中的某些人为了一己私利，不把环境当作环境，而把它当作赚钱的工具。"自然环境"一旦沦为"赚钱工具"，它就不再适合人类居住了。因为自然环境是人类的家园，"赚钱工具"不是人类的家园。人类中的那些人把自然环境"想"错了，也"说"错了。

"想错"和"说错"的前提是"想对"和"说对"。"想对"和"说对"是事物的本来面目。那些人明明知道什么是真理，却偏偏选择了错误。他们的心灵本来有家，却故意离家出走。他们选择了有家不归的生活方式。若干年之后，当环境问题威胁到他们的生存时，他们才深切地认识到，以前的"想法"和"说法"是错误的。由此可见，真理、思想、语言是三位一体的，思想和语言可能表达真理，也可能歪曲真理。能够表达真理的语言，就是海德格尔所谓"存在的家"。这里的"语言"是广义的，绘画、建筑、雕塑等，就其思想而言，都可归结为语言。和思想家一样，艺术家也是真理（*存在*）之家的守护者。文学作品用的是语言，造型艺术用的是形象，音乐用的是声音，绘画用的是色彩。这些看似非语言的艺术，都能创造语言性意境。这个语言性意境就是存在的家。

传统形而上学错误地把存在当作存在者，因此，它所理解的思维和语言也是处于存在者这一层面。海德格尔指出，从柏拉图和亚里士多德开始，存在被当作某种具体事物，如理念或质料。思维被当作一种"技能"，一种对生产和生活有用的技能。从此，哲学的处境一直很尴尬——它不得不说明，与其他"科学"相比，它有什么用处。哲学认为，只有上升到"科学"的高度，它才能证明自己的用处。结果，哲学不再"思想"了。不是科学，就没有威信，这种信念成了哲学的梦魇。"不是科学"就等于"不科学"。"存在"不是科学的对象，所以它也不是哲学的对象。存在的意义被撇在一边。人们不再思考存在了，因为思想已经沦为一种技能或方法。技能或方法总是具体的、可以学习和传承的。于是哲学演变为一种从最高原因开始解释的方法。人们不再思考了，他们开始学习这种特殊的解释技巧。

与思想的技巧化相对应的，是语言的客体化。语言不再是存在的语言，而是沦为一种客体。客体的明显特征是，谁都知道它是什么。我家附近有个十字路口，这个客体是公开的，谁都知道，那是一个十字路口。在客体化的语言中，没有"我"，只有"人们"。海德格尔特别强调《存在与时间》关于"人们"的论述。在日常生活中，我们都有一种从众心理。人们怎样，我也怎样。我能理解什么，不能理解什么，人们早已替我规定好了。语言成为人类征服自然的工具。工具就摆在我们面前。我们要么以商业的目光、要么以科学的目光、要么以形而上学的目光看待它们。

在海德格尔看来，萨特的哲学仍然属于传统形而上学。萨特的著名论断——存在先于本质——仍然是一个形而上学命题，因为他所谓的"存在"是指人这种存在者，他所谓的"本质"是指人对自己的理解。这都是柏拉图时代的含义。

柏拉图说，本质（理念）先于存在（感性事物）。萨特说，存在先于本质。后者虽然颠倒了前者，但是它同样没有意识到存在的意义问题。海德格尔明确指出，萨特的存在主义与《存在与时间》的论点截然不同。我们必须根据存在与人的关系，来理解人的本质。

如前所述，思维或语言不能创造存在，相反，它们皆以存在为前提。人的存在就是他的生存。如果我们能够认识到这一点，我们就能体验存在的真理。海德格尔特意借用形而上学的术语说，生存是人的本质。《存在与时间》曾多次重复这一论点。这个论点的意思是，人是一种特殊的存在者，因为他能提出存在的意义问题，其他存在者就没有这种能力。他能够领悟存在的意义，按照这种领悟而生活。这种人性论与萨特所代表的形而上学人性论大相径庭。人道主义认为，人是"有理性的动物"或"有灵魂的肉体"。从海德格尔的角度看，这种规定并没有给人以应有的尊严。从这种意义上说，《存在与时间》是"反人道主义"的。这种意义上的"反人道主义"并不是要"反文化"或"反人类"，也不是要鼓吹"不人道"或故意诋毁人的尊严。海德格尔讲得很深刻：我们之所以反对人道主义，是因为它的人性标准还不够高。他认为，我们必须把人与存在联系起来。人能理解存在的意义；"存在的意义"包括他自己的存在，以及其他事物的存在。因为他的存在，其他事物的意义才得以显现。人不能让世界万物开始存在，更不能让上帝、众神、历史或自然界开始存在。但是他能理解这些事物之所以存在的意义。以希腊神庙为例，有人，才有人的世界，才有与它相关的一切。反之，没有人，神庙的世界就不会显现。因此海德格尔说，人是存在（或真理）的守护者。

人与存在的关系很微妙，一方离不开另一方。海德格尔特别强调存在的重要意义。存在的意义显现了，人才能领会它。相反，存在的意义不显现，人就无法领会它。这就是说，存在是存在者的基础。只有在这个基础上，世界万物才会显现。可是，换一个角度看，如果没有人，存在的意义就不能被理解。《存在与时间》论述过一个非常重要的问题：有人，才有存在。《论人道主义的一封信》再次谈到这一问题。这不难理解，因为人们很容易站在人的立场上看待存在，把人当作存在的基础。这恰恰是海德格尔所担心和批评的。他解释说，存在的澄明拥有一切，因此，存在能把自身显现给人类。澄明是存在的真理，真理会以不同方式显现自身。海德格尔称此为"澄明的命运"。"命运"的意思是，人类不能决定澄明的显现与不显现。无论如何，存在不是人的创造。《存在与时间》的"导言"用斜体字清楚地表明：存在完全是超越者。"超越者"的意思是"超出"存在者的范围，不属于存在者之列。要想认识这个超越者，我们就得依靠存在者。通过存在者来探索存在，这是迫不得已的事情。海德格尔的存在概念有助于我们深刻地理解真理的客观性和相对主义的片面性。

人道主义不够人道，因为它把人性客体化了，人性被降格为理性或灵魂。其实，人性或人道起源于人的存在，人的存在不是静态的现成存在，而是动态的生存。回想《存在与时间》中的生存论，我们就能理解海德格尔所谓"人的本质是生存"的含义。生存是面对将来的。我们将如何生活？这要看我们的人生态度。人生态度取决于人生的意义。人生的意义显现了，我们才能树立某种人生观。树立了人生观，我们才能过得有意义。

按照海德格尔的理论，存在的意义显现于存在者之中，存在总是"存在者的"存在，"存在"与"存在者"须臾不可分离。以此类推，人是一种存在者，"存在者"包含着"存在"的意义。我们需要特别注意的是，对人来说，存在的意义是一些客观的和实在的可能性，这些可能性绝不是我们的主观臆造。我们可能意识到这些可能性，也可能意识不到。意识到这些可能性，我们就能树立正确的人生观。"正确"的意思是，这种人生观立足于某些现实的可能性。意识不到这些可能性，我们就不能树立正确的人生观。举例来说，两位国际友人来到我国的西北荒漠，坚持植树造林长达若干年。他们的人生观立足于他们对"环境与人类"的正确认识。这个正确认识是客观的和实在的，而不是他们两人创造出来的。但是，这个真理不是对谁都一样，而是只对那些有理解能力，并且愿意接受它的人显现。有些人没有理解力，另外一些人不愿意接受它；对于这些人，它是无法显现的。也许是基于这种原因，海德格尔说，存在的真理是一份赠礼，一种历史命运；它不是博物馆的一件展品，谁都可以观看。

人有一大弱点，那就是懒惰。不思考是懒人的主要特征。二分法是懒人的法宝。按照这种方法，如果我们反对人道主义，那么我们必定站在"不人道"和"野蛮"这边。还有比这更"合理"的推论吗？因为我们反对形而上学的理性主义，所以人们认为，我们要放弃思维的严密性，代之以情感和欲望的恣意妄为，主张"非理性主义"。还有比这更"合理"的推论吗？我们批评传统的价值观念，人们就说，我们在明目张胆地诋毁人类的良好品质，宣传虚无主义。还有比这更"合理"的推论吗？因为我们主张，人的存在就是"存在于一个世界之中"，所以人们认为，我们把人贬低为一种纯粹的世俗存在者，在我们手中，哲学沦为实证主义。坚持世俗生活，必然会反对任何形式的"超越"。还有比这

183

更"合理"的推论吗？我们讨论尼采所谓的"上帝死了"，人们就说，我们主张无神论。上帝之死就是无神。还有比这更"合理"的推论吗？海德格尔的这些分析、批评，真可谓振聋发聩。这些批评一定适合很多人，我们很少思考二分法有何局限。海德格尔讲得很清楚，二分法不适于哲学研究。

人类为什么会有这一弱点？因为人们不喜欢思考，却喜欢道听途说。我们还不能简单地说，人们不思考，因为他们也讲"逻辑"和"推理"。逻辑告诉他们，肯定的对立面是否定，否定理性必然是一种堕落。堕落就会走向虚无主义。这种看似干净利落的推理，其实是懒惰的表现，人们不愿意仔细思考肯定和否定两个方面。他们固执原有的逻辑规范，错误地认为他们已经迈入思维的殿堂，其实不然。海德格尔指出，反对人道主义，不是要捍卫"不人道"的思想，而是要开拓新的视野。反对逻辑，不是不要逻辑，而是要追溯逻辑的本源。反对价值观念，不是要否定一切价值观念——文化、艺术、科学、宗教以及人的尊严，而是要反对价值观念的客体化倾向。

在海德格尔看来，人们把某种品质当作一种价值观念，这时，这种品质已经沦为一种可供他们评价的客体。被客体化的品质不是真正意义上的价值观念。为什么？因为道德品质不是一种独立不依的思想倾向和行为特征，相反，它有自己的世界，它存在于自己的世界之中。它的存在是一个整体。它固然可以作为一种客体（某种价值观念）而存在，但是作为客体的它，远不能穷尽它的意义，因为它是一个整体。海德格尔认为，任何道德评价都是一个主体化的过程。他批评说，道德评价不让事情本身显现，却让事情"变得有根据"。我们必须注意现象学与形而上学的重要区别：前者让事情的价值自己显现，后者把某种价值观念"加到"事情之上，它给事情"制造"价值。事情是它的客体，它是主体，主体主宰客体。由此看来，当形而上学说，上帝是"最高的价值观念"时，海德格尔认为，这是在羞辱上帝。反对价值观念，不是要主张虚无主义，而是要走向存在的真理，以此来反对客体化倾向。海德格尔对主体性理论的这番批评，对我们更好地理解道德客观主义和道德相对主义，具有非常重要的意义。

主客二分是形而上学的最大缺陷。如何克服这个缺陷，是海德格尔哲学的一项重要任务。《论人道主义的一封信》仍然在探讨这个问题。人道主义的关键是人性。旧的人道主义仍然囿于形而上学的樊篱，未能深入探讨人的本质。如上所述，海德格尔认为，人的本质是生存，生存包含着世界，"在一个世界之中生存"是人的本质。世界既非现世，亦非来世。它指的不是存在者的领域，而是"存在的敞开状态"。

人之所以是人，就是因为他生存于他的敞开状态之中。世界是人的存在的敞开状态，它就是人的本质。

人从来不是世界的主体，世界也从来不是人的客体。人与世界的关系从来不是"主客二分"。主客二分之前，人已经生存于存在的敞开状态之中。存在的敞开状态是主客二分的前提；没有前者，就不可能有后者。"存在的敞开状态"即事物本身或事物的真理。主体和客体不显现，其"二分"或"对立"就不可能出现。它们的显现即它们的敞开状态。敞开，才能显现；不敞开，就不显现。主体和客体均起源于存在的敞开状态。这是海德格尔克服主客二分缺陷的关键。

海德格尔的基础本体论（*基础存在论*）是不分主客的。他认为，只有这种本体论才能澄清人性的原始含义。只有澄清了人性的原始含义，我们才能克服形而上学的伦理学，把伦理学建立在基础本体论之上。海德格尔回忆说，《存在与时间》出版不久，一个青年学生曾这样问他：您打算什么时候写一部伦理学？很多读过《存在与时间》的人，也许曾想到或思考过这一问题。该书主要描述人的生存方式，以此来追溯存在的意义。人生问题与伦理学不可分。怎样生活才有意义？这个问题涉及两个方面：世界与人。认识了世界，我们才能确定生活的方向。相反，不认识世界，我们是无法确定生活目标的。如果我们清楚地知道，两个月之内，将会发生一场百年不遇的特大地震，我们绝不会现在开始挖地基、建高楼。如果我们清楚地知道，用毕生精力积累的财富，会被歹徒抢劫一空，我们就不会积累财富。

世界的状况决定生活的方向。世界观是人生观的基础。我们可以把《存在与时间》看作一种世界观。广义而言，本体论即世界观，因为本体论探讨世界万物的本源。弄清了世界万物的本源，也就弄清了世界的本质。《存在与时间》出版二十年之后，《论人道主义的一封信》较为具体地探讨了伦理学问题。广义而言，伦理学即人生观。弄清了什么是善、什么是恶，我们才能追求善、回避恶。在海德格尔看来，什么是伦理学？他不是先回答、后阐释，而是先阐释、后回答。他说，早在柏拉图的学园里，伦理学就和逻辑学、物理学一道出现了。不幸的是，随着这些学科的出现，思维（思想）变成了哲学，哲学变成了知识，知识变成了学校的课程和研究对象。在这样的哲学中，知识的威信提高了，思想的威信却降低了。学科分类之前，思想家们并不知道什么是逻辑，什么是伦理学，什么是物理学，因此，他们的思想既"不可能不合逻辑"，也"不可能不道德"。海德格尔认为，我们可以把伦理学的起源追溯到学科分类以前。

海德格尔以赫拉克利特为例，来阐述伦理学的起源。根据他的考证，在赫拉克利特那里，"伦理学"（ethos）不是指道德理论，而是指"住所"。"住所"是人类居住的地方。"住所"包含着一定的开放区域；与人有关的一切，即人的世界，就显现在这个区域。人的住所包含着并保存着人的世界。海德格尔的这种解释与传统解释截然不同。**Ethos** 是希腊语，其本义是"性格"。该词出现于赫拉克利特《残篇》第一百一十九节。这一节的传统翻译是：人的性格就是人的神。海德格尔的翻译是：人居住在神的附近，因为他是人。

海德格尔还引用亚里士多德的记载，来证明自己的翻译。亚里士多德说，有些人想见赫拉克利特，因为他是著名思想家。这些人来到他的住处时，他正在炉旁烤火。这让他们大吃一惊。看到他们吃惊的表情，赫拉克利特便招呼他们进来，用宽慰的口气对他们说："众神也出现在这个地方。"来访者为什么会感到吃惊呢？海德格尔解释说，他们来看思想家，是出于好奇。看到他的简陋居室，他们感到大失所望。他们以为，思想家的生活起居一定与普通人大不相同，他一定是特立独行、世所罕见。他们满心希望，见思想家一面定能收获许多茶余饭后的谈资。他们想得很多，唯独没有想到真正的思想！

一个孤独的长者，守着一个火炉。多么平淡的景象！烤火的举动说明，他生活贫困。见过这幅景象的人实在太多了，何苦来这里自寻烦恼？访客就要离开了，赫拉克利特早已觉察到他们的失望和郁闷，因此，他才说了那句鼓励的话：众神也出现在这个地方。海德格尔说，这句话照亮了思想家的住所和行为。即使在这样一个极为普通的地方，也有众神的显现。赫拉克利特说，"人的（寻常）住所是（非同寻常的）神得以显现的开放区域。""开放区域"即上文所谓"存在的敞开状态"。存在的敞开状态发生于存在者（住所）之中，存在者包含并体现着存在的敞开状态。它们互不相同，又不可分割。思想家的精神世界不同于来访者的精神世界。思想家能够理解存在的意义，因此，他能体认神的到来。来访者则不然，他们不理解存在的意义，所以他们体认不出神的到来。

由此可见，在赫拉克利特那里，"伦理"的意思是"住所"。根据这种观点，"伦理学"应该考察"人的住所"。"人的住所"即人的世界。人的世界由多种因素组成，物质、精神、道德、宗教只是其中的一部分。从《艺术作品的起源》关于真理的讨论看，人的世界与大地是相互对应的，大地庇护着世界。我们可以用这种关系，来解释赫拉克利特所谓住所与众神的关系。"住所"相当于"大地"，"众神"相当于"世界"。众神通过赫拉克利特而显现于住所之中。众神不是赫拉克利特的创造。他们只是显现给了有能力接受他们的人——思想家。赫拉克利特能够超越他的日常生活，达到见所未见、闻所未闻的思想境界。来访者则不然。因此，海德格尔说，存在的真理是人的原始生态，人本来生存于这个环境之中。

存在的真理是人的住所。思考这个住所，是"伦理学"一词的本来含义。这种伦理学完全不同于形而上学的伦理学，后者缺乏稳固的本体论基础。海德格尔再次强调他在《存在与时间》的"导论"中提出的一个重要论点：没有考察过存在的真理的本体论，是没有基础的。思维与存在究竟是何关系？从基础本体论的角度看，思维既非理论，亦非实践。它是理论与实践的源泉。思维的作用是"回忆"存在。为什么要"回忆"？因为我们原本生活于存在之中，知道存在的意义。可是后来，我们的注意力完全集中于存在者——形式、质料、灵魂、肉体、主体、客体——之上，彻底忘记了我们先前已经认识的存在。所以海德格尔说，思维的作用就是回忆存在。存在与存在者本来是一个整体，我们却只看到"存在者"，看不到"存在"。

《存在与时间》的"导言"清楚地指出，存在的意义遍布世界万物。我教书，你画画，他经商，我们的"存在方式"不同，这是我们所知道的。但是我们不知道，"存在"究竟是什么意思。我"是"教书的，你"是"画画的，他"是"经商的。"是"即"存在"（德语 Sein，英语 Being）。

我们生活于"存在"之中，却不知道它究竟是什么，一如我们活在自己的身体中，却不知道身体究竟是什么。工作的压力、生活的压力，耗去了我们的大部分精力与时间。考察存在的意义是思想家的事情。思想家不会不思想。一方面，思想是理论，但不是与存在相分离的理论，而是关于存在的理论。另一方面，思想也是实践，但不是与存在相分离的实践，而是以理解存在的意义为目的的实践。只有借助语言，我们才能理解思维与存在的统一性。因此海德格尔说，语言既是存在的家，又是人类的家。

因为语言是人类的家，所以我们能够离开这个家；如果它本来就不是我们的家，我们就不可能离开它。存在的语言与形而上学的语言不同。形而上学的语言不能超越存在者，因此，它还没有回到存在的家园。形而上学的伦理学只有回到存在的家园，才能成为真正的伦理学。真正的伦理学应该根据存在来理解人的家，因此，它既非传统的伦理学，亦非传统的本体论。海德格尔的言外之意似乎是，真正的伦理学就是他所提出的基础存在论。基础存在论的主要思想是存在的意义或存在的真理。科学、宗教、道德、艺术、思维等，都是存在本身的显现。海德格尔的基础存在论有助于我们理解真善美的统一。在康德那里，真善美各自为政，互不相干。在海德格尔这里，存在的真理就是善和美，存在显现为善和美。这种观点为我们深刻理解道德相对主义和道德客观主义，开拓出一个富有建设性的视野。

《论人道主义的一封信》的最后几句话写得既有哲理，又富诗意。海德格尔说，语言是存在的语言，一如云彩是天空的云彩。思想在语言中留下依稀可辨的犁沟。这些犁沟的清晰度，远不及步履沉重的老农留在田间的那些犁沟。

海德格尔的学生、著名学者汉娜·阿伦特认为，《论人道主义的一封信》是海德格尔的又一杰作。但是，大卫·克莱尔认为，这篇论文包含诸多晦涩难懂之处。海德格尔为什么要批评人道主义？人与动物的区别究竟是什么？他的这些思想能帮助我们思考现在世界上的那些罪恶吗？克莱尔认为，海德格尔并没有把这些问题讲清楚。尽管如此，这篇论文在海德格尔的整个思想中却占有重要地位。这是他在第二次世界大战结束以后，首次公开发表自己的思想。海德格尔的传记作家罗迪格·萨夫兰斯基认为，海德格尔后期思想的所有重要论点，已在这里初现端倪。它所开拓的新视野，深刻地揭示了西方文化的一些重要缺陷。这个评论是公正而恰当的。在该文倒数第二段，海德格尔说：少些哲学，多些思想。这个呼吁仍然适用于现代世界。

第5章

技术是真理在事物中的显现

　　科学技术给我们的生活带来巨大变化。农学家不断培育出新品种，于是粮食产量不断提高，饥荒的影响越来越小，我们不仅吃得饱，而且吃得越来越好。材料学家不断发明新材料，于是我们的楼房越来越节能环保，随风飞扬的普通塑料袋逐步被可降解的塑料袋取代，塑钢门窗不仅美观、密封、隔音、耐腐蚀，而且可以循环利用。通信工程师不断改进通信技术，于是 3G 手机出现了，它具有宽带上网、视频通话、看电视、购物等功能，我们的生活正变得越来越方便。气象学家能够告诉我们未来几天的天气状况，于是我们的工作和生活有了更大保障，渔民、农民、旅行者或社会工作者，能够根据天气预报而制定各自的工作计划。可以毫不夸张地说，没有现代科学技术，就没有现代生活。

　　科技与生活的这种密切联系，让我们一则以喜，一则以惧。喜的是，我们能够认识某些自然规律，在这个范围内，我们是自由的，是自然的主人，不再受自然的奴役。16 世纪以来，科学技术突飞猛进，人类的自豪感和自信心与日俱增。我们以为，我们是世界的主人，我们的能力是无限的。我们能够创造一切。这是科技进步对人类自尊心的两大影响之一。另一个重大影响与此正好相反，这也是让我们惧怕的一个方面。科技进步让我们清楚地认识到，我们所居住的地球，不过是浩瀚宇宙中一个微不足道的星球，我们只是这个星球上的一种生物。在无边无际的宇宙中，我们的存在微不足道。我们不能决定其他星球的存在和运行轨道。我们的知识十分有限。英国大科学家牛顿说，他好比海边玩耍的小孩，他的知识好比这小孩捡到的几个贝壳。知识的海洋浩瀚无垠，我们已经掌握的那些知识不过沧海之一粟。从科学的角度看，地球的存在和人的出现并没有改变宇宙的秩序。我们的能力和作用十分有限。我们不知道宇宙、生命或人类的起源。很多灾害是不可预测的。每年都有很多无辜者死于各种天灾人祸。此情此景，怎能不让人黯然神伤？宇宙之大，人力之小，让人类自惭形秽。这就是科技进步带给我们的喜与惧：它让我们自豪，又让我们惭愧。

科学技术既有好的一面，又有坏的一面。它可以造福人类，也可以祸害人类。原子能技术既可以用来发电，又可以用来制造原子弹。计算机技术既可以用于生产、工作和生活，又可以用来犯罪——非法窃取政府或个人的重要信息，牟取私利。科学技术本来是一个好东西，但是它的负面影响极大。核战争可以毁灭整个地球。第二次世界大战以后，很多思想家开始思考这个关系到人类生死存亡的大问题。

笼统地说，"科学"与"技术"是同义词，其含义是自然界的普遍规律。仔细看来，科学指自然事物的普遍规律，技术指这些普遍规律的具体应用。我们通常认为，技术问题是技术员的事情，与哲学家无关。电脑不能上网了，我们需要技术员或工程师的帮助，却不需要哲学家的帮助。空调不能制冷了，技术员能解决问题，哲学家却不能。技术与哲学毫不相干。我们以为，只有技术员或工程师才知道什么是技术。其实，技术员和工程师只懂某种技术，如网络技术、机械技术、电信技术、汽车维修技术等，却从不思考技术的本质。"技术"与"技术的本质"是两个概念，其内涵大不相同。技术员不一定知道，技术的本质究竟是什么。在哲学家看来，技术源于技术的本质。这就是海德格尔写作《追问技术》一文的主要动机。我们感兴趣的是：哲学与技术有何关系？一个本体论哲学家会如何讨论技术问题？

现代技术的本质是限定人与万物

　　1949 年 12 月，海德格尔在不来梅俱乐部做了四场学术报告。这四场报告的总标题是"存在者探秘"。四场报告的小题目分别是：物、限定、危险、转向。1953 年 11 月 18 日，"限定"一文被修订为"追问技术"。这四场学术报告是在非常特殊的历史条件下举行的。第二次世界大战结束后，海德格尔被当作纳粹，受到"禁止教学"的严厉处分。1949 年秋，"禁止教学"的命令尚未撤销，海德格尔还是"黑名单"上的人。

　　然而，德国的不来梅市不这样认为。在不来梅人看来，这样对待海德格尔有欠公允。他们尊重这个思想家，他们要让他"在这个自由的城市自由地演讲"。这些学术报告的主办者是不来梅市商业公会的一些主要成员。他们知道这样做的风险，但是他们不怕。不来梅市市长主持了首次讲座。海德格尔的开场白说，十九年前，他曾在这里演讲，可是直到现在，人们才开始理解那些观点。那是他的第一次冒险。这次，他还要冒险！官方可能干预，听众可能听不懂，这就是他面前的危险。一位当事人回忆说，邀请者和听众是一些企业领导人、外国专家、造船厂老总等工商界人士。对他们来说，这个著名思想家仿佛是传说中的野兽或神仙一样的人物。他们不是哲学家，海德格尔却愿意与他们谈哲学。因为他们都是中产阶级，受过良好的教育，未被学术"玷污"。在他们看来，哲学是世俗宗教，很有用，尽管他们知之甚少。帕策特在其回忆录中说，这些人确实不懂海德格尔。

1950年和1953年，巴伐利亚艺术研究院邀请海德格尔作学术讲座。他再次宣读了这四篇文章中的前两篇，即《物》和《追问技术》。在"追问技术"一文中，海德格尔指出，技术的本质不是一种技术，因此，技术思维不适于解决这个问题。技术的本质是哲学问题，而非技术问题。从哲学的角度看，技术的本质是存在的显现。作为存在的一种显现方式，技术无所不在，不可或缺。但是我们通常不这么看。通常认为，技术是我们实现某种目的的一种手段。这就是说，技术是一种工具，它包含着手段与目的。这种解释可以追溯到两千多年以前的亚里士多德。他认为，任何事物都包含质料因、形式因、动力因、目的因四个要素。以银质圣餐杯为例，银是质料，杯子的形状是圣餐杯的形式，银匠是动力因，祭祀仪式是圣餐杯的目的因，形式和质料都是为这个目的服务的。

海德格尔对"四因说"提出质疑。他说：为什么只有四个要素？"四因说"中的"因"，究竟是什么？把这四个要素联系在一起的，又是什么？柏拉图在"会饮篇"中说：事物由不存在而开始存在的变化，我们称之为创造。海德格尔指出，四因说所谓"因"，存在于创造之中。自然万物与艺术作品就是通过创造而出现在我们面前的。创造即事物的无遮蔽状态。创造把事物从被遮蔽状态带入无遮蔽状态。这就是事物的显现。海德格尔说，古希腊人用"无遮蔽状态"（aletheia）一词来描述事物的显现。创造是"四因说"的源泉，是手段与目的的源泉，也是工具的源泉。既然技术是一种工具，那么创造也是技术的源泉。技术是事物显现自身的一种方式。这是一种全新的理解。以前我们认为，技术是一种工具，我们用它来实现我们的目的；现在海德格尔说，技术不仅是一种工具，而且是真理显现自身的一种方式。读者不禁要问：海德格尔的这种解读有什么根据？

海德格尔的根据就是他对古希腊哲学的重新解读。希腊文化是西方文化之源。海德格尔经常回到这个源头，以寻找问题的答案。"追问技术"与《存在与时间》在真理问题上存在明显的一致性。根据海德格尔的考证，在希腊人那里，"技术"不仅指工匠的技艺，而且指艺术家的技艺。技艺是一种创造，创造具有诗意。这是"技术"的第一种含义。"技术"的第二种含义是"认识"。柏拉图以前的思想家认为，技术或认识的意思是完全理解某个事物。认识是事物的开放或显现。亚里士多德在《尼各马可伦理学》中说，技术是无遮蔽状态的一种形式。技术能够揭示那些不能显现或尚未显现、时而这样显现时而那样显现的事物。银匠、建筑师、造船工程师通过形式因、质料因、动力因和目的因，揭示了圣餐杯、房子和船舶的存在。认识是一种揭示活动，揭示是一种集中。"集中"的意思是，银匠事先把圣餐杯的四个要素（*形式因、质料因、动力因和目的因*）集中起来，把它们看作一个成品，这就是制作圣餐杯的技术。

　　海德格尔说，技术的关键因素不是制造或控制事物，而是揭示事物。技术是一种创造，创造的意思"不是制造，而是揭示"。技术与真理密切相关。它是真理的一种显现方式。真理或无遮蔽状态显现了，技术才能显现。简言之，圣餐杯的用途、材质、形状、工艺都齐备了，制作它的技术才能出现。技术在后，那些因素在先。用途、材质、形状、工艺"集中"起来，圣餐杯就显现在银匠的脑海中。这就是它的最初存在。它的存在决定了制作它的技术，而不是制作技术决定其存在。真理在先、技术在后的道理，看似简单，实际上很深刻。这个道理的深刻性在于，它给技术提供了一个本体论基础。没有这个基础，技术就会沦为主体的构造。

　　主体的构造与真理的显现不同，前者是主观的，后者是客观的。前者的意思是，主体能够构造自己的世界；后者的意思是，世界不是主体的构造，而是客观存在的，主体是世界的一部分。有人说，现代技术与古代技术有本质的不同，因为现代技术建立在现代物理学之上，而现代物理学是一门精密科学。海德格尔认为，和古代技术一样，现代技术同样是对真理的一种揭示。不过，这种揭示方式不是把事物从被遮蔽状态带入无遮蔽状态，而是对自然的一种"挑战"。挑战自然是现代技术揭示真理的方式。"挑战自然"的意思是，现代技术对自然界提出一种不合理的要求：自然界必须给人类提供能源，以便人类开采和储存。

读者也许会问：古代的风车不也要利用风能吗？古代的风车确实要利用风能，但是古人不从气流中开发风能，以便储存它。开发和储存能源，是现代技术的重要特征。海德格尔以土地为例来说明这一特征。人类挑战土地，让它为我们提供煤炭和矿石。于是土地成为煤矿或铁矿。人们在土地中开发矿石，在矿石中提炼铀，用铀来生产原子能，用原子能来制造原子弹或核电厂。现代技术就是一种工具，其主要作用是开发和储存能源，为人类服务。

人们在莱茵河上修建水电站，让莱茵河为他们发电。海德格尔特别强调水电站与古代木桥的巨大差异。二者都建在莱茵河上，但是，木桥不挑战河水的流速和走向，水电站却要修建大坝，让河水改道。挑战自然的意思是，把隐藏在自然界的能源开发出来，把开发出来的能源加以转化，把经过转化的能源储存起来，把储存起来的能源分配出去，把分配出去的能源再转化成其他形式。开发、转化、储存、分配、再转化，是我们揭示自然事物的不同方式。这种揭示方式的基本特征是"命令自然"：世界万物皆听命于我们。它们成为我们的"日常储备"。海德格尔称现代技术的这种观点为"限定"。"限定"的意思是，现代技术"限定"人的思维，这种思维只能把世界万物看作人的日常储备。这就是现代技术的本质。

让现代人以这种方式看待事物的，究竟是一种什么力量呢？海德格尔说，是命运让他们接受了这种思维方式。他说，"命运"是所有历史的本质。在他看来，历史不是编年史，也不是人类活动的简单过程。人的活动能够成为历史，首先是因为"命运"。命运即存在的显现。存在即事物本身。事物本身何时显现、如何显现，不取决于我们，而取决于事物。从人类的角度看，事物的显现方式是他们的一种命运。他们不能改变自己的命运，却能倾听命运的呼声，接受自己的命运。只有这样，人类才能获得真正的自由，不受命运的摆布。

限定是技术的本质。作为人类的一种命运，"限定"让我们专注于我们对事物的号令，全然不顾事物的其他可能性。技术思维不知道，人类能够更原始地体验无遮蔽状态中的事物。技术思维错误地认为，它是通向真理的唯一道路。这种思维虽然揭示了真理的一种存在方式（**真理作为技术**），却阻塞了人们走向真理的其他道路。这就是技术思维给我们造成的危害。海德格尔说，可怕的不是技术，而是技术的本质。限定式思维不让人体验原始的真理。我们能否克服技术思维的这种缺陷呢？

追问是思想的虔诚

　　海德格尔对上述问题的回答是肯定的。但是他的回答实在是不同凡响，因为他把技术与诗歌联系在一起。很多人认为，技术与诗歌毫不相干：技术很有用，诗歌的用处则不大明显；技术的真理性毋庸置疑，诗歌的真理性往往是因人而异。诗歌无用论或人文科学无用论的思想，时隐时现，此起彼伏。海德格尔是真正的思想家，他勇敢而且执着，独立思考而不随波逐流。很多人知道，技术是一把双刃剑，既能造福人类，又能危害人类。他们只能思想到这个地步，不是因为他们懒惰，不愿探索，而是因为他们缺乏能力，不能站得更高、看得更远。思想家与普通人的区别，正是在这个地方。他不仅能看到问题，而且能找到出路。

海德格尔认为，技术的本质不是一种具体技术，如通信技术、核电技术、互联网技术或生物制药技术，而是一种思想观念，即"限定"。技术限定人类的思想。技术把任何事物都看作一种可以利用的日常储备。这种思想并非完全错误，只是不够深刻，不够全面，以偏概全。很多读者都知道盲人摸象的故事。摸到象肚子的人说，它像一个大鼓；摸到象腿的人说，它像一个大圆桶；摸到象尾巴的人说，它像一把扫帚；摸到象牙的人说，它像一个牛角；摸到象耳朵的人说，它像一个簸箕。单从一个角度看，他们说得都对；若从总体看，他们说得都不对。大象不仅像簸箕、牛角、扫帚、大鼓或圆桶，而且它们的统一体；此外，它还有很多其他特征。只看一点而不及其余，就好比盲人摸象，以偏概全。

根据海德格尔的论述，技术思维就是以偏概全。它把人的思想"限定"在事物的直接有用性之上，把事物简化为一种使用价值，这就是它的片面性。我们必须克服这种片面性，看到事物的整体性存在。以上述莱茵河上的水电站为例，技术思维让我们专注于河水的发电功能而不顾其他。实际上，莱茵河是一个整体，能够发电只是其诸多可能性之一。除了发电，它还为两岸居民提供生活用水；它既是工农业生产的重要资源，又在周围的生态环境中发挥着重要作用；它是旅游胜地，也是很多文人墨客的灵感之源。根据海德格尔的论述，我们可以推断，技术思维的成功与失败全在于其"简化"：它只考虑事物的某个方面或某种特征，在这个范围内，事物是完全可控的。只要不出它所"限定"的这个范围，它就能主宰自然。由此观之，技术思维是一种权力意志，它要做自然的主人。

诗歌与技术有很大差异。诗人不会把他所描述的对象量化或简化，更不会把对象当作一种可以利用的资源。诗人不创造或主宰自然，相反，他用耳朵听、用眼睛看、用心思考。技术思维是一种权力意志，艺术思维不是一种权力意志。艺术的主要作用是描述艺术家所发现的真理。他可能描述事件的经过，也可能描述艺术家的思想情感。包括诗人在内的艺术家是自由的，他们不受技术思维的"限定"。但是，技术与艺术又有相似之处，因为它们都是真理的显现。因此，海德格尔把克服技术思维的希望寄托在艺术家身上。他援引 19 世纪德国诗人荷尔德林的诗句，来阐述技术思维的危险以及拯救力量的显现。

荷尔德林说：哪里有危险，哪里就有拯救的力量。海德格尔认为，"拯救"的意思是正本清源，让事物的本质以正确的方式显现出来。事物的本质就是事物本身或事物的存在。事物不依赖人。人不创造事物。人与事物共同存在于这个世界之内。技术思维是事物显现自身的一种方式，但不是唯一方式。人只能接受它，而不能创造它，因为它不属于人，而属于事物。因为人与万物的关系是共同存在，所以万物需要人，因为人能够领悟它们的真实存在。

真理显现自身，是海德格尔的一个重要观点。用他的话说，真理的显现是我们的一份礼物，也是我们的救星。真理能让我们理解人的最高尊严。人的最高尊严是什么？人的最高尊严就是关注事物的无遮蔽状态，以及随之而来的被遮蔽状态。如前所述，"无遮蔽状态"指事物本身，"被遮蔽状态"指事物尚未显现或以不正确的方式显现。技术思维把人"限定"为发号施令者。因此，人的自由受到威胁。海德格尔说，如果我们思考技术的本质就会发现，人生活在真理的显现中。关键在于，我们要思考、注意或回忆真理的显现。我们为什么要回忆真理呢？如何才能思考或回忆真理的显现呢？海德格尔认为，我们早已生活在真理之中。举例来说，莱茵河流域的人民早已生活在这条大河的各种影响之中，早已知道它的存在和影响。但是，技术思维"限定"了现代人的目光，因此，他们眼中的大河只是技术的对象，而非思想的对象。这就是说，技术思维忘记了大河本身，尽管它起源于大河。只要我们思考技术的本质，而不是紧盯着具体的技术，我们就能"回忆"起以前的那条大河。海德格尔认为，超越技术思维的关键在于，不把技术看作一种工具，而把它看作真理的显现。我们一定要注意，作为工具的技术与作为真理的技术，是大不相同的。前者立足于后者，后者是前者的源泉。

真理的显现需要人的参与。《存在与时间》的"导言"清楚地指出，人能掌握真理，其他事物没有这种优势。人能思想，所以他能辨别真理与错误。从表面看，技术是一种工具。但是从本质看，技术是真理的显现。海德格尔认为，从词源学的角度看，古希腊人所谓的技术不仅指我们现在所谓的技术，而且指真理的显现。不仅如此，古希腊人所谓的技术还指真理转化为美的过程。艺术作品的创作也被称为"技术"。这说明，真理是技术、艺术和美的本源，后者是前者的表现形态。从这个角度看，人类不应该在大自然面前表现得自信而傲慢。相反，他应该心怀感激，感谢自己的历史命运和真理的显现。如果真理不把现代技术作为一份礼物赠予我们，如果我们没有这样的历史命运，现代技术就不可能产生。技术不是人的创造，而是真理的显现。我们认为，这是人类克服主观主义思想的一种有力武器。

海德格尔认为，古希腊是西方命运的发祥地。在揭示真理方面，希腊艺术已经发展到登峰造极的高度。它们揭示众神的存在，探讨众神与人类的对话。那时，艺术被称为"技术"。它从多个方面揭示真理。它"虔诚"地听命于真理的主宰，并守护着真理。这些思想与《艺术作品的起源》中的思想一脉相承。后者的基本观点是：真理是艺术的本源，艺术是艺术作品的本源。读到这里，我们不禁要问：古人为什么称艺术为技术？海德格尔回答说，因为艺术是真理的显现，所以它具有创造性，它能让隐蔽的真理显现出来。换言之，感受和体验真理，是一门艺术，也是一种技术。

艺术与技术的这种同一性，是海德格尔追问现代技术的结果。在此之前，我们迷信技术，却不知技术的本质为何物；我们陶醉于审美体验，却不知守护艺术的本质。现在看来，我们越是追问技术的本质，艺术的本质就越显得神秘莫测。技术的本质被遮蔽着，这就是我们所面对的危险。我们离它越近，拯救的力量就越明显，我们就越想追问。因为"追问是思想的虔诚"。虔诚于什么？虔诚于真理的显现。

"追问是思想的虔诚"是《追问技术》一文的结束语，也是海德格尔的名言。哥哈特·司徒曼是德国名医，也是海德格尔的朋友。他曾邀请海德格尔到他所在的疗养院讲学。他回忆说，海德格尔不仅是著名的哲学家，而且是著名的演说家。他讲的课常常引起轰动。他的思想和知识具有一种势不可挡的力量。他总能发现新事物。海德格尔的课讲得很精彩，帕策特和萨夫兰斯基都有相似的记载。海德格尔在巴伐利亚艺术研究院做题为"物"的学术讲座时，来自维也纳、法兰克福、汉堡等城市的学生，纷纷赶到慕尼黑听课。为了抵消这个"纳粹支持者"的影响力，康德学会特意在同一时间安排了一场讲座。即使在这种情况下，海德格尔讲课的大厅还是被挤得水泄不通。应邀出席讲座的贵宾，被不速之客挤到一旁。走廊上、窗台上、台阶上坐满了听众。最值得一提的，还是我们刚才阐述过的《追问技术》。慕尼黑知识界的名流纷纷到场，其中包括诺贝尔物理学奖获得者海森堡、作家兼诗人卡罗萨、诗人兼批评家杨格、作家杨格、西班牙哲学家加赛特。很多学者认为，这是海德格尔在战后所作的最精彩的一次演讲。当他以"追问是思想的虔诚"结束时，全场起立，掌声雷动，经久不息。因为他说出了听众的心里话。海德格尔的这次讲座已经过去半个多世纪了。但是，他所发出的不断追问的呼吁，至今回响在很多思想者的心中。

结　语
道路，而非著作

1976 年 5 月 26 日凌晨，海德格尔与世长辞。根据其学生、助手和朋友帕策特的回忆，他走得很从容，没有任何痛苦的挣扎。他是在蒙胧睡意中告别人世的，还轻轻地说了声"谢谢！"帕策特解释说，"谢谢"（thanking）与"思想"（thinking）同义。海德格尔在写给作家埃尔哈特·凯斯那的一首小诗中，表述了这一思想。该诗的大意是：建设多而写诗少，根据多而思想少，然而，这仍然是一种感谢。

海德格尔的葬礼是在其故乡梅斯基尔斯举行的。一切从简，以免让好奇者查问，以便让这位大哲学家有尊严地离去。

1976 年 5 月 22 日，海德格尔还致信弗莱堡大学神学教授伯恩哈特·威尔特，祝贺他当选梅斯基尔斯的荣誉市民。萨夫兰斯基说，这是海德格尔的绝笔。从这封简短的贺信看，直到生命的最后时刻，海德格尔仍在思考技术问题。他说，技术文化已经成为世界文化，其主要特征是统一性。在这个时代，我们必须思考的是：我们是否还有自己的家园？如何才能拥有这样的家园？我们知道，统一性与个体性相对。统一性意味着整齐划一：你有的，我都有；我有的，你都有。我们的区别微乎其微。我们都一样：一样的追求，一样的思想，一样的生活。既然一样，我们就只有一个家。因此，我们不能说，这是我家，那是你家。我们只能说，这是我们的家。我不是我，而是我们。个体消失了。

海德格尔的基本观点是：真理是具体的、历史的，因此，对真理的思想也是具体的、历史的。谁也不可能把握最后的真理，因为我们总是生活在特定的时间和空间之中。我们永远不能停下探求真理的步伐。真理总是你的、我的、他的，总是每一个活生生的个体的，而不是"人们"的。人们是一个抽象概念，无名无姓，不能感受和思考。作为个体，我们必须对自己负责。这不是道德说教，而是对生命的体验。反思人生，我们就会发现，如何生活的问题，取决于我们，而不取决于别人。我们创造了自己的生活。创造的基础是真理。把握了什么样的真理，就会有什么样的生活。关键在于，我们必须追问得完全彻底：既不能囿于一己私利，又不能满足于已有的知识。因为存在的意义是具体的、历史的，而非抽象的、一成不变的。

海德格尔的特殊之处在于提问，而不是回答。当然，他也回答自己的问题，但是他不故步自封。他的学生、著名学者帕格勒说，我们必须把海德格尔的思想理解为一条"道路"。这条道路不是集很多思想于一身，而是专注于一种思想，即存在的意义。他总是把自己的思想看作通向存在领域的一条道路。海德格尔的另一位学生、著名学者比梅尔回忆说，海德格尔的思想从未停息。每当我们认为，我们终于到达了目的地，可以用某种方式看问题了，他总会让我们开始新的追问。这样，终点和目的地就成为新的出发点。比梅尔做了一个十分鲜明的对比：笛卡儿要把哲学建立在坚实的基础上，海德格尔却质疑这样的基础。

如海德格尔所言，追问是思想的虔诚。从前期的代表作《存在与时间》（1927），到他生前的最后一部著作《海德格尔全集》第一卷（1975），海德格尔始终走在探索真理的道路上。《存在与时间》的倒数第二段说，我们必须找到一条阐述本体论问题的"道路"，并且"走上"这条道路。这是否是唯一正确的道路，只有当我们走上这条道路之后，才能下结论。这种孜孜以求的态度，同样出现在《海德格尔全集》第一卷中。帕格勒在《马丁·海德格尔的思想历程》第二版后记中特别指出，海德格尔给《海德格尔全集》第一卷的题词是：道路，而非著作。"道路"即思想之路，探索之路；"著作"即这些探索道路之一。存在能以不同的方式显现自身，因此任何著作都有其局限。海德格尔对其著作总是感到不满，原因就在这里。帕格勒解释说，海德格尔的思想走过多条道路。无论哪一条，它们都关系到哲学的发展，因为海德格尔的思想具有划时代的意义。这就是海德格尔，一位在思想之路上不断探索的伟大哲学家。他不仅有深刻而新颖的思想，而且有勇敢而执着的个性。

海德格尔的朋友和同事、著名哲学家雅斯贝尔斯认为，海德格尔的思想很有趣，却很难懂。他多次公开承认，他并不理解海德格尔所谓存在的意义。海德格尔哲学之难，由此可见一斑。读者也许会问：连外国哲学家都看不懂的一种外国哲学，我们学它，有何用处？这个问题包含两个小问题：海德格尔哲学难在何处？我们学它有何用处？海德格尔已经在不同的文章中回答了第一个问题。他说，人们不愿意换个方式看问题，不愿意摆脱传统的形而上学思维模式，所以海德格尔的思想读起来晦涩难懂。海德格尔要克服形而上学，多数人要坚持形而上学，我们觉得他难懂，原因就在这里。

难懂是一回事，重要是另一回事。不少研究者认为，海德格尔揭示了重要的哲学真理。两千多年以来，形而上学思维模式一直是西方乃至世界上很多国家和地区的主流思维方式。海德格尔撼动了这种思维模式的基础，探索了克服形而上学的不同道路，为人类重新理解自己与世界，开拓出一个全新的、更加广阔的视野。他对人类文化的贡献真可谓前无古人。难怪帕策特称他为"亚里士多德式"的大思想家。人生需要物质，更需要思想。走在思想的道路上，我们一定会领悟海德格尔的深刻与伟大。

附录

年　谱

1889年　9月26日，海德格尔出生于德国巴登州梅斯基尔斯镇。

1903—1909年　在康斯坦斯和弗莱堡读中学。

1909—1911年　在弗莱堡大学读神学。

1911—1913年　在弗莱堡大学读哲学、人文科学和自然科学。

1913年　获得博士学位。论文题目：《心理主义的命题理论》。

1915年　获得弗莱堡大学讲师资格。

1917年　与艾弗里德·派特里结婚。

1919年　与"天主教思想体系"决裂。

1918—1923年　任弗莱堡大学无薪讲师，兼胡塞尔的助手。

1922年　在马堡大学讲授亚里士多德现象学，引起学术界的高度重视。

1923年　讲授本体论哲学，被称为"隐蔽的哲学王"。担任马堡大学哲学系副教授。入住托特瑙堡小木屋。

1928年　接替胡塞尔，担任弗莱堡大学哲学系教授。

1933年　5月1日，加入纳粹。5月27日，发表弗莱堡大学校长就职演说。

1934年　4月，辞去弗莱堡大学校长职务。

1936—1940年　讲授尼采哲学，批评纳粹的权力思维，处于盖世太保监视之下。

1945年　7月，法国占领军军官让·波弗莱会见海德格尔。

1946年　德国政府禁止海德格尔从事教学活动。

1949年　解除禁教令。

1951—1952年　海德格尔开始在大学发表公开演说。

1966年　接受《明镜》周刊记者采访。按照约定，海德格尔去世后，采访内容才能面世。

1976年　5月26日，海德格尔逝世。5月28日，安葬于梅斯基尔斯。

主 要 著 作

1.1927 年《存在与时间》

2.1929 年《形而上学是什么?》《康德和形而上学问题》

3.1936 年《艺术作品的起源》

4.1936—1938 年《哲学论文集（从拥有的角度看）》

5.1943 年《真理的本质》

6.1946 年《论人道主义的一封信》

7.1949 年《物》《限定》《危险》《转向》

8.1950 年《林中路》

9.1953 年《追问技术》《形而上学导论》

10.1954 年《演讲与论文集》

11.1956 年《走向存在问题》

12.1957 年《同一与差异》

13.1959 年《泰然自若》《走向语言之途》

14.1961 年《尼采》

15.1967 年《路标》

16.1970 年《赫拉克利特》（1966—1967 年冬季学期讨论班讲稿）《现象学与神学》

17.1972 年《早期作品集》

18.1975 年《现象学的基本问题》（1927 年夏季学期讲稿）《海德格尔全集》第一卷

19.1976 年《逻辑学，追问真理》（1925--1926 年冬季学期讲稿）